北京旅游发展研究基地 标志性成果
Research Center for Beijing Tourism Development

A RESEARCH REPORT
OF ONLINE TRAVEL INDUSTRY
OF CHINA IN 2020

中国在线旅游
研究报告 2020

李宏 主编

北京 · 旅游教育出版社

图书在版编目（CIP）数据

中国在线旅游研究报告.2020 / 李宏主编. -- 北京 : 旅游教育出版社, 2021.6

ISBN 978-7-5637-4261-5

Ⅰ. ①中… Ⅱ. ①李… Ⅲ. ①旅游业发展—研究报告—中国—2020 Ⅳ. ①F592.3

中国版本图书馆CIP数据核字(2021)第107646号

中国在线旅游研究报告 2020

Zhongguo Zaixian Lüyou Yanjiu Baogao 2020

李宏 主编

责任编辑	何 玲
出版单位	旅游教育出版社
地　　址	北京市朝阳区定福庄南里 1 号
邮　　编	100024
发行电话	（010）65778403　65728372　65767462（传真）
本社网址	www.tepcb.com
E - mail	tepfx@163.com
排版单位	北京旅教文化传播有限公司
印刷单位	唐山玺诚印务有限公司
经销单位	新华书店
开　　本	787 毫米 ×1092 毫米　1/16
印　　张	8
字　　数	136 千字
版　　次	2021 年 6 月第 1 版
印　　次	2021 年 6 月第 1 次印刷
定　　价	55.00 元

（图书如有装订差错请与发行部联系）

前　言

《中国在线旅游研究报告 2020》是中国在线旅游研究系列年度报告的第 7 本，内容是对中国在线旅游行业 2019 年的发展进行总结。业内一般认为中国的旅游电商以 1999 年为发展元年，因此 2019 年可以说是中国旅游电商发展 20 周年。

旅游电商是一种概括性表述，在发展了 20 年之后，行业集中度表现突出，业内的头部企业几经博弈，各自发展出特性鲜明的商业模式。与此同时，综合电商进入旅游业成为重要的“外来”势力，且实力强劲。以本地化服务为核心内容的综合电商与大型电商平台的介入使在线旅游业的内涵和外延都发生了实质性的变化，在线旅游的概念得以延伸，服务内容更加丰富，行业竞争也发生了方向性的变化。本报告以 2019 年中国在线旅游业的发展实践为基础，整理发展脉络，总结发展规律，希望能够承前启后，为后来者提供参考。

本系列年度报告为北京旅游研究基地标志性成果，北京第二外国语学院旅游科学学院研究生马佳丽、段冰杰、张亚南和赵敏全程参加了报告的调研和撰写。

目　录

CONTENTS

第一章　我国在线旅游发展概况及趋势分析 …… 1

第一节　中国旅游业发展概况 …… 1

第二节　在线旅游行业发展概况 …… 3

第二章　在线旅游产业格局细化升级 …… 11

第一节　线下到线上，OTA 崛起 …… 11

第二节　产业链下游：重内容，全方位营销大战一触即发 …… 12

第三节　产业链中游：OTA 竞争激烈，一场多强格局显现 …… 14

第四节　产业链上游：运营标准化成热点，各要素市场发展情况良好 …… 16

第三章　综合类旅游电商 …… 19

第一节　2019 年综合类旅游电商发展概述 …… 19

第二节　携程网 …… 20

第三节　同程艺龙 …… 26

第四节　途牛网 …… 32

第四章　攻略社区类旅游电商 …… 37

第一节　2019 年攻略社区类旅游电商发展概述 …… 37

第二节　猫途鹰 …… 39

第三节　马蜂窝 …… 46

第四节　穷游 …… 51

第五章　在线旅游服务新模式 …… 57

第一节　2019 年在线旅游服务新模式发展概述 …… 57

第二节　飞猪——专注在线旅游交易平台 …… 58

第三节　美团——打造在线旅游生活化场景 …… 69

第六章　定制类旅游电商 …… 78
第一节　定制类旅游电商发展概述 …… 78
第二节　B2C 模式：鸿鹄逸游 …… 79
第三节　B2B 模式：6 人游、路书 …… 82
第四节　C2C 模式：8 只小猪 …… 87

第七章　在线短租类旅游电商 …… 90
第一节　2019 年在线短租类旅游电商发展概述 …… 90
第二节　途家 …… 93
第三节　爱彼迎 …… 97
第四节　小猪短租 …… 99
第五节　美团民宿 …… 102

第八章　移动应用发展篇 …… 106
第一节　2019 年旅游移动 APP 发展概况 …… 106
第二节　旅游 APP 排名及分类详情 …… 107
第三节　旅游小程序类型梳理 …… 116
第四节　移动端旅游 APP 发展趋势 …… 119

第一章
我国在线旅游发展概况及趋势分析

第一节　中国旅游业发展概况

一、2019 年文旅产业发展的三大背景[①]

（一）旅游成为人们美好生活的常态和刚需

2019 年是新中国成立 70 周年，也是全面建成小康社会的关键之年。随着经济社会的发展，人民生活物质文化水平的提高，当前社会的主要矛盾是人民群众日益增长的物质文化需要和发展的不平衡不充分问题。随着互联网和经济社会的发展，旅游业对国内生产总值的综合贡献逐年增加，占国内生产总值 10% 之上。当前，旅游业在经济发展中的作用更加凸显，旅游产品及业态更加丰富和完善。

（二）文旅融合开启旅游新时代

文化和旅游部成立后，31 个省（市）纷纷宣布文化和旅游厅（委）正式挂牌或宣布新的领导班子成立。至此，文化产业和旅游产业的融合表明旅游发展进入了新时代，文化产业和旅游产业相辅相成，使得文化产业和旅游产业呈现出了 1+1>2 的效果，更有利于旅游产业的发展，开启了文旅融合新时代。

（三）国内国际宏观经济复杂严峻

2018 年以来，中国经济中高速发展，经济结构持续优化，改革开放的红利逐步释放，朝着高质量发展的道路前进。但是，在经济取得高质量发展的同时，中国经济也面临诸多困难，如经济社会发展的周期性、结构性变化、国际环境的不确定

---

① 2019 年中国文旅产业发展趋势报告［EB/OL］.［2019-03-11］. https：//www.sohu.com/a/300528135_100013389.

等，这些可能都会对中国经济产生一些冲击。

二、中国旅游发展概况①

2019年，旅游经济继续保持高于GDP（Gross Domestic Proclucт，国内生产总值）增速的较快增长。国内旅游市场和出境旅游市场稳步增长，入境旅游市场基础更加稳固。全年，国内旅游人数 60.06 亿人次，比上年同期增长 8.4%；入出境旅游总人数 3.0 亿人次，同比增长 3.1%；全年实现旅游总收入 6.63 万亿元，同比增长 11%。旅游业对 GDP 的综合贡献为 10.94 万亿元，占 GDP 总量的 11.05%。旅游直接就业 2825 万人，旅游直接和间接就业 7987 万人，占全国就业总人口的 10.31%。

（一）国内旅游收入增长 11.7%

根据国内旅游抽样调查结果，国内旅游人数 60.06 亿人次，比上年同期增长 8.4%。其中，城镇居民 44.71 亿人次，增长 8.5%；农村居民 15.35 亿人次，增长 8.1%。国内旅游收入 5.73 万亿元，比上年同期增长 11.7%。其中，城镇居民花费 4.75 万亿元，增长 11.6%；农村居民花费 0.97 万亿元，增长 12.1%。

（二）外国人入境旅游人数增长 4.4%

入境旅游人数 1.45 亿人次，比上年同期增长 2.9%。其中：外国人 3188 万人次，增长 4.4%；香港同胞 8050 万人次，增长 1.4%；澳门同胞 2679 万人次，增长 6.5%；台湾同胞 613 万人次，与上年同期基本持平。入境旅游人数按照入境方式分，船舶占 2.9%，飞机占 17.4%，火车占 2.6%，汽车占 21.2%，徒步占 55.8%。

入境过夜旅游人数 6573 万人次，比上年同期增长 4.5%。其中：外国人 2493 万人次，增长 5.5%；香港同胞 2917 万人次，增长 3.5%；澳门同胞 611 万人次，增长 10.4%；台湾同胞 552 万人次，下降 0.2%。

（三）国际旅游收入达 1313 亿美元

国际旅游收入 1313 亿美元，比上年同期增长 3.3%。其中：外国人在华花费 771 亿美元，增长 5.4%；香港同胞在内地花费 285 亿美元，下降 2.0%；澳门同胞在内地花费 95 亿美元，增长 9.4%；台湾同胞在大陆花费 162 亿美元，下降 0.2%。

（四）入境外国游客亚洲占比 75.9%，以观光休闲为目的的游客占 35.0%

入境外国游客人数中（含相邻国家边民旅华人员），亚洲占 75.9%，美洲占 7.7%，欧洲占 13.2%，大洋洲占 1.9%，非洲占 1.4%。其中：按年龄分，14 岁以下人数占 3.8%，15~24 岁占 13.9%，25~44 岁占 49.3%，45~64 岁占 28.1%，65 岁以上占 4.9%；按性别分，男占 58.7%，女占 41.3%；按目的分，会议商务占 13.0%，观光休闲占 35.0%，探亲访友占 3.0%，服务员工占 14.7%，其他占 34.3%。

按入境旅游人数排序，我国主要国际客源市场前 20 位国家如下：缅甸、越南、韩国、俄罗斯、日本、美国、蒙古、马来西亚、菲律宾、新加坡、印度、泰国、加

① 2019 年旅游市场基本情况［EB/OL］.［2020-03-10］. https：//www.mct.gov.cn/whzx/whyw/202003/t20200310_851786.htm.

拿大、澳大利亚、印度尼西亚、德国、英国、朝鲜、法国、意大利（其中缅甸、越南、蒙古、印度、朝鲜含边民旅华人数）。

（五）中国公民出境旅游人数达 1.55 亿人次

中国公民出境旅游人数达到 1.55 亿人次，比上年同期增长 3.3%。

三、2019 年中国旅游发展十大热点

2019 年，中国旅游发展十大热点问题分别是：国家公园建设制度化体系化；新时代红色旅游绽放新光芒；全域旅游首批示范区验收通过；夜游活动丰富满足多样需求；行业法规出台剑指在线乱象；A 级景区摘牌倒逼转型提升；旅游企业跨界发展布局全球；大兴机场启用促进格局变化；南极旅游相关要求更加具体；玻璃栈道叫停带来监管启示。[①] 其中，行业法规出台剑指在线乱象着重针对在线旅游企业，尤其是爆出的相关性新闻，在线旅游平台基于大数据对老顾客、忠诚度较高的顾客或者价钱不敏感的顾客进行“杀熟”，引起了一定的舆论。在互联网时代，大数据既给我们的生活带来了一定的便利，也带来了新的需要面对的问题，尤其是针对在线旅游企业，需要相关政策进行规范的引导和约束。

第二节　在线旅游行业发展概况

一、在线旅游发展阶段

2019 年注定是值得纪念的一年。经过 20 多年的发展，中国在线旅游产业由弱小到强大，由不完善到逐渐完善，综合实力越发强大。当前，关于中国在线旅游发展阶段的划分，行业内较为一致的说法是中国的在线旅游发展阶段分为四阶段：萌芽期、起步期、发展期和持续完善期。

萌芽期（1996—1998）：这一时期主要是依托互联网发展浪潮，中国在线旅游网站逐渐兴起，代表性网站有华夏旅游网、携程旅行网（以下简称携程）、易网通（Et-china）、中青旅在线等。起步期（1999—2002）：这一时期在线旅游企业着重采用收购的方式开拓市场，具有代表性的为艺龙收购酒店预订公司 LOHOO（商务旅游服务公司百德勤）；携程收购北京现代运通订房网络。发展期（2003—2008）：这一时期在线旅游企业多举措共试，首先是明确市场定位，进行中国特色的网络服务。其次是融资和上市，中国在线旅游业开始吸纳资金，进行融资和上市。2003

① 报告精读 | 旅游绿皮书：2019—2020 年中国旅游发展分析与预测［EB/OL］.［2020-04-21］. https：//www.pishu.cn/zxzx/xwdt/548608.shtml.

年 12 月携程成功上市美国 NASDAQ（National Association of Securities Dealers Automated Quotations，纳斯达克），2004 年 10 月艺龙成功上市美国 NASDAQ。再次是业务细化，新兴的在线旅游服务商涌现，如途牛旅游网（以下简称途牛）、驴妈妈旅游网（以下简称驴妈妈）、悠哉旅游网等，它们细分自身的目标市场，拥有垂直的市场份额。此外，大型互联网企业开始跻身旅游行业，运用自带流量这一强大优势，进军在线旅游行业，如淘宝旅行频道、新浪旅游等。这个阶段是在线旅游的快速发展期。持续完善期（2009—至今）：这一时期各种旅游垂直网站和点评网站开始兴起，加速了旅游行业的专业化分工，使得整个行业的竞争更加立体化，提供的服务更加细致化，旅游者的选择更加便利化。①

此外，也存在关于在线旅游发展阶段的不同划分。易观智库利用 AMC（Agents，Manufactures and Consumers，代理商、生产厂家和消费者）模型对在线旅游市场的发展阶段进行分析，将中国在线旅游市场划分为：探索期（1997—2003）、市场启动期（2004—2006）、高速发展期（2007—2017）、应用成熟期（2018—至今）。集奥聚合将在线旅游市场发展历程分为：探索期（1997—2001）、调整期（2002—2003）、回复期（2004—2006）、快速成长期（2007—2020）、成熟期（2021 年以后）。② 劲旅网转载的文章中提到，在线旅游的发展大致可以分为 4 个时期，从 1999 年携程艺龙成立的萌芽期，到 2003—2008 年间的启动期，2009—2017 年间的爆发期以及 2018 年之后的成熟期。③

总体来看，在线旅游发展的关键时间节点为 2003 年和 2009 年，2009 年之前，携程是在线旅游的主力军，在行业内扮演着举足轻重的地位。2009 年之后，随着中国在线旅游的发展，在线旅游企业百花齐放，当前携程系、飞猪系、美团系快速崛起，三足鼎立的格局形成。

目前，在线旅游的格局基本显现，经过过去 20 年的发展，典型在线旅游企业已经有了自己的核心优势、相对壁垒和用户群体，如表 1-1 所示。

表 1-1　典型 OTA 的核心优势

OTA	核心优势
携程	在规模化、用户基数、供应链、技术系统、品牌和用户心智上优势明显
途牛	在资源直采、交易系统以及品牌积累上优势明显
同程	拥有微信无与伦比的流量入口优势

① 电子商务研究中心.【重磅】《2018年中国在线旅游“50强榜”》发布［EB/OL］.［2019-01-22］. http：//www.citnews.com.cn/citnews/data/201901/92876.html.

② 中国在线旅游的发展历程深度分析［EB/OL］.［2016-10-21］. http：//blog.sina.com.cn/s/blog_163995cb80102whlw.html.

③ 在线旅游 20 年的过去、现在和未来［EB/OL］.［2019-08-26］. http：//www.ctcnn.com/html/2019-08-29/15565966.html#PPN=ot.

续表

OTA	核心优势
马蜂窝	依靠内容＋平台构建起的决策消费闭环
美团	凭借高频优势和本地生活属性，在酒店、玩乐等上优势明显
飞猪	拥有成熟的交易平台＋流量优势，交易效率最高

二、在线旅游经营模式①

（一）经营模式

当前在线旅游企业众多，但是具体到相关业务来看，每个在线旅游企业的经营模式和角色存在差异，通过对当前中国在线旅游企业的经营模式分析，主要有自营、代理、零售、供应商代工、动态打包和半打包 6 种。

自营顾名思义就是自产自营，从生产到服务一条线。产品是在线旅游企业自主研发，资源是在线旅游企业自主采购，目前途牛的海外直采，携程自营都是这种做法。这样的经营模式优劣显著。优势是企业一条龙服务，产品和服务都是可控的，随着企业的发展壮大，容易在源头端形成自身的资源积累优势。此外，可以获得高额的佣金，利润可观。劣势是较高的运营成本和客服成本，不是一般的小型企业所能承受的，同时包机、包房容易出现硬损，并且往往硬损的数额非常大。所以做自营业务需要很强的资金实力，而且投资回报周期较长，自营早期，一定程度的亏损几乎是不可避免的。

代理指的是资源供应商将产品提供给 OTA（Online Travel Agency，在线旅游代理商），由其来帮助自己运营。这个运营包含订单的咨询、售前售后的服务，双方以成本加价模式合作。比如：同程出境途牛的度假代理业务。代理的佣金率相对会高，服务由于是 OTA 统一提供，所以具有标准化的特点。但需要平台提供客服和运营成本，成单转化率比零售模式要低，主要是因为在对旅游产品的了解上，商家更专业。

零售可视为一种新型的“淘宝”模式，OTA 提供了一个平台，这个平台有巨大的流量入口，如同我们的商户入驻淘宝。OTA 收取平台交易佣金，供应商面对客户，提供订单的咨询、售前售后服务。这种模式，不论是对于供应商来说，或者是对在线旅游企业来说，都是负担较轻的，提升了产品的丰富性，便利了顾客的选择，能最大限度促进交易。比如：目前的飞猪、马蜂窝和美团，一般来说适合跨界进军旅游行业的电商企业。但是佣金率较低，因为 OTA 不直接接触产品和资源，是一种轻运营模式，也面临供应商自己沉淀用户的风险。

供应商代工简称 OEM 模式（Original Equipment Manufacturer，代工生产模式）。

---

① 在线旅游 20 年的过去、现在和未来［EB/OL］.［2019-08-26］. http：//www.ctcnn.com/html/2019-08-29/15565966.html#PPN=ot.

供应商类似于代工厂，生产 OTA 给出的标准化的旅游产品和服务。OTA 有自身的品牌分区，满足了其品牌需求，供应商也可以提供标准化的产品和服务，整合资源端。这种模式双方互惠互利。但是要求 OTA 对合作的供应商有一定的掌控力，对顾客群体有一定的吸引力，这样夹在中间的 OTA 才有能力将标准化、批量化的产品和服务提供给自己的客户，也有足够的筹码去找愿意合作定制产品的供应商，比如统一 LOGO（标志）的大巴、餐厅、导游和酒店等。

动态打包。随着自由行市场规模的扩大，用户的旅行经验不断丰富，旅行需求不断多样，自由行拥有较大的市场。此时需要在线旅游企业提供更多的自主选择来满足旅游者的丰富需求。携程就是提供机票、酒店签证、目的地玩乐、接送机等单项资源给用户自身组合、用户自身来规划旅游路线，打包旅游产品。动态打包（DP）和半打包（SDP）依托在线旅游企业平台强大的后台资源系统，以此来保证提供给客户的机票、酒店需求匹配，价格准确，而且还需要有足够多的用户规模。现在业内真正能做动态打包的也就携程和途牛，需要足够强大的企业实力。

所以这种模式效率很高，如果整体实力具备，打磨好服务和品质，把握好产品供应和客户服务，容易形成自身的客户沉淀和品牌转化。尤其是相关在线平台，如马蜂窝上面的商家，还伴随有很强的内容输出能力，资源商在目的地深耕多年，对目的地的了解和专业程度都超过 OTA，这种模式的营利性非常可观。

以上便是 OTA 常见的 6 种经营模式，不同的 OTA 依据自身的能力、发展阶段选择适合自己的经营模式，但是很多时候一家 OTA 是同时并用多种模式的，例如携程就同时存在这 6 种模式。

（二）商业模式

依据在线旅游的发展阶段，可以将在线旅游行业的商业模式从起步发展期、成长分化期和整合集成期三个阶段进行概括。起步发展期（1997—2004），在线旅游企业提供线上标准化预订服务，旅游产品供应商对接预订平台，进而对接用户，这时期的商业模式为传统旅行社“去中介化”和预订平台“再中介化”。成长分化期（2005—2012）为在线旅游的垂直细分发展时期，产业链条为旅游产品供应商—预订平台—社交论坛（搜索引擎）—用户，商业模式为产业链条分解和个性化服务探索。整合集成期（2013 年至今）为旅游服务整合与生态圈构建时期，产业链条为旅游产品供应商—线上代理 / 专业服务平台—用户，商业模式为围绕用户场景化需求的全链条服务。

三、在线旅游市场交易规模①

（一）2019 年中国在线旅游市场稳步增长，线上全年交易规模突破万亿

2019 年在线旅游市场全年交易规模达到 10 866.5 亿元，线上渗透率预计达到

① 2020 中国在线旅游市场年度综合分析［EB/OL］.［2020-03-21］. https：//www.sohu.com/a/381880947_114819.

16.7%，成功突破万亿级规模。同比增长 11.4%，增幅较去年提升 2.1 个百分点，重回双位数增长轨道。整体看来，中国在线旅游市场在行业加速进入标准化、品质化建设，提升产品及服务质量，对存量市场投入精细化运营后，增长态势有所回暖，在线旅游行业的深耕作业初有成效。

（二）在线旅游市场市场集中度显著，头部厂商继续高位运行

2019 年，以携程、去哪儿为代表的携程系继续保持高位运行，TOP3（前 3）与其他厂商显示出断层差距，领先优势显著，在线旅游市场仍然保持高度集中。一定时期内，中国的在线旅游的发展，还是得看头部玩家携程，它拥有自身的核心优势和忠实用户。但不容忽视的是，中国的旅游休闲市场需求量庞大，其他企业仍旧有潜在的发展空间，

（三）头部平台的活跃用户量

具体到在线旅游平台，当前我国在线旅游企业发展差异较大，大量用户基本集中在头部平台，携程、去哪儿、飞猪、马蜂窝占据了行业内较多的用户和流量。从表 1-2 可以看出，携程依旧一家独大，在线旅游在发展的过程中尽管有行业更替、兴衰变化现象，但是短期内其他平台超越不了携程。携程要想走得更远，仍旧要以一己之力探索中国在线旅游的国际化道路。

表 1-2　在线旅游平台 2019 年度活跃用户量

平台名称	活跃用户量（万人）
携程旅行	5588
去哪儿旅行	4133
飞猪旅行	2888
马蜂窝旅游	2294
途牛旅游	944
同程旅游	472
艺龙旅行	292
驴妈妈旅游	272
穷游	264

数据来源：易观《中国在线旅游预订市场发展图鉴 2019》

四、在线旅游用户规模

智研咨询发布的《2020—2026 年中国在线旅游行业市场竞争状况及市场发展前景报告》数据显示：2018 年中国在线旅游市场用户规模达 3.6 亿人，2019 年在线

旅游用户规模达 3.9 亿人，同比增长 8%。①

伴随着中国旅游市场的整体发展，在线旅游市场也随之增加。相关数据显示，2019 年上半年大型在线旅游平台主要营业指标同比增长 19%以上，超过去年增速的 2 倍。美团点评、携程、同程艺龙等上市 OTA 旅游相关营业收入的增速均超过 16%，在酒店业务或间夜量等单项业务指标上实现了 21%以上的增长。出境游同样平稳增长，主要以周边国家和地区为主。

通过对在线旅游用户的画像分析，31~40 岁的用户比例高达 43%，表明 80、90 后已成为我国在线旅游市场的消费主力人群，占据在线旅游用户的近一半。24~30 岁、24 岁以下以及其他年龄段的用户比例分别达到 16%、18.8% 和 22.2%。将其转换为年龄来看，80 后和 90 后的比例占在线旅游的 77.8%。

随着经济的发展，国家相关政策的放开，未来在线旅游市场会进一步扩大。前期各大在线旅游企业着重拉新，现在如何盘活存量用户、提高存量用户的黏性和付费意愿成为新重点，在线旅游市场由流量增长驱动模式向用户价值驱动模式转变。当前在线旅游用户规模稳定增长，如何推动流动增长模式向用户价值驱动转变，是相关企业应着重考量的重点。未来，5G（5th Generation Mobile Networks，第五代通信技术）、物联网、人工智能等技术的发展会进一步提高用户的需求判断准确性，为用户提供更舒适的使用体验。但应当注意，大数据“杀熟”、用户信息泄露等问题依然时有发生，这会影响用户对在线旅游的使用信心，需要相关企业谨慎应对。

五、在线旅游发展趋势

（一）从六大变化来看

当今，中国人在线旅游发展进入新时期，未来也存在着诸多可能。未来旅游者、旅游方式、旅游需求、旅游渠道、产业链条都在变，经过 20 多年的蓬勃发展以后，中国旅游进入了一个新的发展阶段，也就是行业拐点的到来。②

对于旅游者来说：互联网信息技术的发展步入成熟期，线上旅游人数增加，早期依据互联网红利获取流量的在线旅游企业，需要转变思维模式，通过对在线旅游用户进行深刻分析，挖掘单客价值，提升顾客的满意率和忠诚度，进而提高复购率和二次传播率。

对于旅游需求来说：游客的旅游需求更加具体化和细化。早期的旅游者更多的是观光游玩，现在的旅游者更注重休闲度假，甚至更注重当地化的体验。越来越多的旅游者愿意感受当地的美食和住宿，当地的风土人情，在休闲玩乐的同时进行包含文化参与的活动。任何细致的因素都可能成为激发游客旅游动机的因素，如美食、酒店、休闲或者娱乐活动、综艺、网红地，这些具体化和细化的因素都可能激

① 2019 年中国在线旅游用户规模及用户结构分析［EB/OL］.［2020-01-17］. http：//www.chyxx.com/industry/202001/830428.html.

② 在线旅游 20 年的过去、现在和未来［EB/OL］.［2019-08-26］. http：//www.ctcnn.com/html/2019-08-29/15565966.html#PPN=ot.

发人们产生去旅行的动机。

对于旅游供给来说：如果要在市场竞争中获得一定的优势地位，提供的产品需要具有异质性，同质化的产品已经较难在现如今成熟的在线旅游市场中获得竞争优势。此外，还需要进行大规模的营销和规模化的产品覆盖，单一的产品本身是前提和质量保证，后期的多渠道营销是关键。最后，保证提供给用户最佳的旅游决策方案。现在的用户，尤其是在线旅游用户，更需要有特色、有温度、有主题的产品和服务，在有限的时间内提供给用户最想要的服务，降低用户的决策难度，最终实现用户转化。

对于交易路口来说：流量渠道日益多元和细化。传统的以资源生产商和旅行社渠道商为中心的模式，正在转变为以游客为中心的模式，从渠道为王变成产品为王，服务至上。旅游的交易入口也不断地发生变化：旅游产品—流量为王—价格战抢客—品牌争夺—内容和价值观吸引，在现在及不久的将来一定是内容和价值观可以更高效地连接用户，成为吸引关注和激发付费的入口，并且价值观带来的吸引最为持久。

对于产业链条来说：产业链条日益精简化。过去的旅游链条长，从产品供应商到客户中间涉及诸多环节，各个环节层层加价，导致到达游客的旅游产品售价很高。产业链条的精简化，节省了中间成本，毛利空间也大大提高。

经营角色的多样化：在线旅游已经从单纯OTA（在线旅游代理）到OTP（Online Travel Platform，在线旅游平台）到OTC（Online Travel Content，在线旅游内容）到OTS（Online Travel Service，在线旅游服务），多种模式并存。如今只做卖产品渠道的公司，在市场上缺乏竞争力，也没有持续存在的价值。

（二）从整体趋势来看

1. 共享经济模式是潮流①

共享经济模式正在逐步改变在线旅游市场。国外典型的Airbnb（爱彼迎）、Booking（缤客）和Uber（优步）等住宿共享类企业和交通类企业早已经渗透到在线旅游行业，国内目前也出现了途家、小猪短租等颇有规模和影响力的企业。未来，随着我国相关政策的放开，共享经济也会发挥其巨大的市场影响力，改变中国在线旅游市场。

涉及旅游产业，可以依据旅游产业环节将共享经济分为房源共享、车辆共享和时间共享这三类。房源共享指的是旅游住宿，以途家、小猪、蚂蚁短租和Airbnb为代表；车辆共享指的是交通出行，以友友租车、宝驾租车、凹凸租车、易到用车、PP租车（icarsclub，现名为START共享有车生活平台）和Uber为代表；时间共享指的是私人导游，以丸子地球、哈达旅行、先客旅和客赞为代表。

---

① 中国在线旅游的发展历程深度分析［EB/OL］.［2016-10-21］. http：//blog.sina.com.cn/s/blog_163995cb80102whlw.html.

2. 疫情之下的旅游保卫战[①]

疫情之下，在线旅游企业需要打响四大保卫战。首先，现金流规划。精准核算现金流，细致规划流入流出，做出现金流筹措计划及风险预测，确定落实保障。其次，供应链维稳。整理供应资源库存，优选核心供应资源，剥离不良业务，整体优化供给结构。再次，客情维护。梳理用户规模和用户质量，建立核心用户维护体系。整体合作伙伴数量，评估合作关系健康，维持优质商家端网络。最后，业务拓展。跨界合作或尝试拓展新的业务边界，加强业务短期变现能力。

在疫情危机下，在线旅游企业如何应对低谷期、制定维稳的发展规划是企业能否存活的关键。各大在线旅游企业应当积极主动地在抗疫期间做出规划、确保现金流稳定、维护供应链健康和客情关系、梳理已有的用户资产、尝试新业务的拓展，在尽量减轻疫情带来的压力下保持竞争力，是所有旅游企业的当务之急。

① 2020中国在线旅游市场年度综合分析［EB/OL］.［2020-03-21］. https：//www.sohu.com/a/381880947_114819.

第二章 在线旅游产业格局细化升级

第一节 线下到线上，OTA 崛起

一、在线旅游的国际演变

从国际背景来看，在线旅游的渠道及平台技术起源于一个名为“ReserVec”（预订）的航空公司计算机预订系统。此后，各大航空公司纷纷涉足计算机预订平台的开发。从 20 世纪 60 年代开始，计算机预订系统的服务对象由航空公司转变为旅行社。在此背景下，旅游业与信息技术的结合更为紧密，旅游业与互联网技术的结合开始萌芽。1985 年“eAAsy Sabre”（轻松萨博）这种直接面向消费者的预订系统面世，实现了消费者越过旅行社直接进行机票、酒店和车票的在线预订。此后，在线旅游新模式层出不穷：1991 年成立的 Hotel Reservations Network（旅馆预约网络）发明批发商模式，通过赚取毛利和净利价格的差价盈利，同时为消费者提供电话预订酒店服务；世界知名旅游出版社 Lonely Planet（孤独星球）积极通过互联网发展线上业务。

1996 年，随着微软创办 Expedia，提供机票、酒店及租车的在线预订业务，众多企业纷纷模仿进入 OTA 市场，OTA 创投风潮一时席卷全球，在线旅游进入起步发展阶段，著名 OTA 网站相继创立：1997 年，Priceline（普利斯林）创立，并以“自我定价”模式提供全球化的机酒、租车、旅游打包产品在线预订服务；此后，携程网、TripAdvisor、Orbitz 等 OTA 网站也相继在 1999—2001 年建立。

在 OTA 业务高度同质化的情况下，企业纷纷通过并购扩张提高市场占有率，线上旅游企业的整合集成期开始。主流 OTA 依靠独有的资源、平台和经济优势不断拓宽业务边界，完善产业链，成就业内领先地位：Priceline 收购 Booking.com（缤客）、Agoda（安可达）、KAYAK（客涯）、Rentalcars.com（旅途客租车平台）和OpenTable，为企业长期增长、向其他领域扩张提供助力；Expedia（亿客行）也收购 Travelocity（旅游城市）、Orbitz（旅程）等众多公司实现快速扩张；国内的携程网收购去哪儿网之后，机酒业务市场占有率显著增长，已超过 50%，旅游度假业务市场占有率达 25%[①]。

从 1950 年至今，旅游业从线下到线上，OTA 逐步崛起。到目前为止，国际OTA 市场总体呈现 Priceline、Expedia 以及国内的携程占主导地位的三足鼎立的格局。

二、中国在线旅游的发展

1997 年，随着全球互联网投资浪潮的兴起，互联网逐步向传统行业渗透，旅游业也不例外，华夏旅游网、携程旅行网等中国第一批旅游网站在此背景下诞生，中国在线旅游开始萌芽。2000 年，新型运营模式兴起，在线旅游服务商通过收购分销商，与分销商结合拓展市场覆盖范围。2003 年，在线旅游明确了向旅游消费者提供全方位的简单旅游产品预订服务的市场定位。中国在线旅游业开始发力，2003 年携程成功上市美国 NASDAQ，中国在线旅游业开始吸纳资金，扩大业务发展。此后，中国在线业务行业呈现多元化、差异化发展态势：各种垂直网站开始兴起，垂直搜索功能加强了机票业务的竞争程度；点评网站的兴起促进了酒店业务的线上发展，线上旅游处于持续完善期。

总之，中国的在线旅游从不落后于国际脚步，从萌芽阶段到 2003 年携程的成功上市，再到如今 OTA 市场一超多强的发展格局，在线旅游行业通过不断整合线下流量，结束了传统旅游只依靠传单、坐店等形式营业的时代，形成了以产品细分、平台内容、资源整合为营利模式的完整的行业网络[②]。

第二节　产业链下游：重内容，全方位营销大战一触即发

随着人民的生活水平的提升，全民旅游已经成为一种趋势，在信息技术不断发展的情况下，旅游信息形式更加丰富，信息获取更加便利，旅游者需求更加趋于个性化。在此背景下，OTA 企业的较量已不局限于价格低廉这一方面，通过更加丰富的信息形式，丰富平台内容，增强用户黏性，提高平台用户留存率，进行一场全方位营销大战已成大势所趋。

---

① 在线旅游（OTA）及旅游产业新模式深度研究［EB/OL］.［2019-06-18］. https：//www.dotour.cn/146450.html.

② 《2018年中国在线旅游“50强榜”》发布［EB/OL］.［2019-01-22］. http：//www.cit.news.com.cn/citnews/data/201901/92876.html.

一、抖音进军旅游业，宣战老牌 OTA

2019 年 4 月，北京微播视界科技有限公司（即抖音母公司）企业经营范围新增旅游信息咨询业务。这表示抖音正式进军旅游业，向老牌 OTA 宣战。近年来，抖音首先通过对短视频达人的宣传推广完成西安、重庆众多城市的网红化改造，之后又实现网红城市美食、娱乐、旅游的“带货”目标。据数据显示，2019 年五一期间，在抖音短视频的助力之下，西安旅游收入同比增长 47.46%①，这一数据表明社交媒体对旅游者旅游目的地选择的影响有重大作用。抖音等社交媒体进军旅游业将对在线旅游格局产生新的影响。

二、马蜂窝从“找内容”到“逛内容”

马蜂窝在拥有众多商家以及优质用户的基础上，着力于为旅行者提供个性化服务、打造营销生态闭环。

2019 年 5 月，马蜂窝在上新全新自驾游频道后，又利用自身丰富的自驾游目的地资源发布了 12 条官方推荐自驾线路，为自驾游市场搭建了“内容 + 交易”的闭环式消费场景。除此之外，马蜂窝还利用已拥有的数以万计的旅行圈层，通过串联用户、内容、场景打造极为高效的营销闭环，实现用户由“找内容”到“逛内容”的行为转变，马蜂窝同时也兼有了工具、媒体和社区的三重属性。

在已形成的用户、内容和场景在内的三个引擎的基础上，马蜂窝还针对不同客户推出特定计划：为目的地客户打造内容共创计划；为邮轮、航司等客户打造蜂鸟计划；针对景区、商业体等打造蜂巢计划；为汽车行业打造旅行新驾道的汽车频道以及针对快销市场的旅行“必”计划等②。这一系列强大的营销网络为用户“逛内容”提供了便利，为马蜂窝内容打造提供了平台，也为马蜂窝作为攻略类电商依靠内容变现提供了强大的支持。

三、穷游全面发力“内容 +”

2019 年，穷游全面发力“内容 +”。在此前，在穷游的社区中，广大用户多以图文形式发布内容，2018 年，穷游发布了碎片化旅行兴趣社交产品 Biu！，Biu！相当于旅行版抖音，在此应用上，用户则可以通过短视频的形式分享旅行经验。穷游利用 Biu！大量的内容产出，以“内容”为核心，结合用户画像、大数据技术促进交易转化，最终以“内容 + 营销”“内容 + 交易”等手段实现商业变现。据公开数据显示，自 Biu！推出以来，总计已产出超过 1000 万条内容，其中，影音化内容占比 50%。此外，通过业务数据来看，通过 Biu！中跳转预订酒店，转化率超 6%，远超行业平均水平。未来，穷游将利用拥有的 PGC（Professional Generated Content，专业生产

---

① 五一大数据西安旅游接待人数收入再创新高［EB/OL］.［2019-05-05］. https：//www.sohu.com/a/311860262_120045303.

② 在玩这件事上，马蜂窝是认真的［EB/OL］.［2019-12-18］. https：//tech.ifeng.com/c/7sTpSn8NQzD.

内容）旅游指南“穷游锦囊”及海量的 UGC（User Generated Content，用户生成内容）内容，如游记攻略、旅行问答等，从商业、运营、流量三方面持续发力，不断强化达人体系，并将达人体系作为内容生态基本战略，持续发展“内容 +”模式①。

第三节　产业链中游：OTA 竞争激烈，一场多强格局显现

一、携程持续领先，全球化成绩显著

通过对比携程、同程艺龙、途牛三大 OTA 平台财报可以看出，携程在营收、净收入等方面遥遥领先。根据财报，携程 2019 年全年净营业收入为 357 亿元人民币，同比增加 15%；在净利润方面，全年经营利润同比增长 94% 达到 50 亿元，高于过去 5 年的经营利润总和②；在总资产上，截至第三季度末，携程为 2030.83 亿元人民币，与去年同期相比增长 7.24%③。携程的总资产遥遥领先，资产规模之大反映了其经营业务规模的广泛。

2019 年，携程的战略是出海和下沉。在出海方面，携程收购 makemytrip、skyscanner（天巡）以及发布 trip.com 布局国际市场；在出境游与海外业务成绩显著的基础上，加速海外市场的覆盖拓展以及供应链资源的渗透布局，建设全球化品牌，打造国际在线旅游预订平台；发布“G2”战略，以实力雄厚的机票、酒店板块为基础，加快产品及品牌的全球覆盖速度。下沉方面，则通过布局三、四、五线的门店来抢占份额。为了抢夺用户注意力还在今年 6 月推出了全新的代言人彭于晏。除此之外，携程还着力于品质提升层面，以用户需求为核心，以快速的响应速率和完善的保障机制为手段，提供高标准高品质产品与服务④。

二、同程艺龙高歌猛进，品牌影响力扩大

2019 年同程艺龙紧抓核心板块，注重业务协同，抓准机遇下沉，发展强势，收入强劲，利润激增，资产规模稳步增长。据数据显示：同程艺龙 2019 年全年按合并基准收入同比增加 21.4% 至 73.93 亿元；经调整净利润同比增加 35.4% 到 15.44 亿元；

① 亏损 8 年后，穷游开始盈利，春天要来了？［EB/OL］.［2019-12-24］. https：//mp.weixin.qq.com/s/attFNWy wt LP ARJr kZ wuVQ.

② 马蜂窝“攻略+”营销，品牌“入圈”新通路［EB/OL］.［2019-12-13］. https：//www.adquan.com/post-2-289612.html.

③ OTA“三剑客”谁最牛？携程、同程艺龙、途牛三季报出炉［EB/OL］.［2019-12-24］. https：//mp.weixin.qq.com/ s/N rOR36tc HA LY8a WQxZowg.

④ 旅行业国内外竞争加剧，2019年的OTA会有怎样的变化？人人都是产品经理［EB/OL］.［2019-06-20］. http://www.Woshipm.com /it/2483707.html.

经调整利润率为27.3%，净利润率为20.9%[①]；在总资产方面，截至第三季度末，同程艺龙为193.52亿元人民币[②]。

2019年同程艺龙发展迅速的原因有三：一是住宿等核心板块需求旺盛，拉动业务发展。同程艺龙的住宿业务在七夕、中秋小长假、国庆黄金周等多个关键节日的预订增长显著高于行业整体水平，三季度更是实现收入同比大增。二是同程艺龙各业务板块良好的协同合作。同程艺龙借助交通业务强大的流量提高了住宿及旅游景点业务的交叉销售率，"交通+住宿"交叉销售对整体业绩的贡献明显。三是同程艺龙紧抓非一线城市的发展机会，通过挖掘多元流量，扩大其在我国非一线城市的用户覆盖。2019年，同程艺龙用户数量及黏性显著上升；2019年8月，同程艺龙MAU（Monthly Active Vser，平均月活用户）和MPU（Monthly Paid User，平均月付费用户）均创下了历史新高。截至今年三季度末，同程艺龙在中国非一线城市的注册用户比例约85.5%；而第三季度，约63.3%的新增付费微信用户来自三线或以下城市，较2018年同期的58.8%有所增加[③]。

三、飞猪建立旅行联盟，强化平台属性

飞猪在与OTA正面争夺市场无望的情况下果断转型，通过借助阿里平台和数据的优势强化自身平台属性，成立"新旅行联盟"，助力供应商互联网化。飞猪借助阿里强大的流量供给，结合自身对互联网用户的深入研究，不断丰富店铺形态，打造全新的旅游消费体系。与此同时，飞猪在提升平台数字化能力的基础上，通过"店铺运营体系"、"品牌营销"及"会员体系"等手段协助商家打造品牌店铺，引导商家聚合公域流量中商家自有的私域流量，并将此与强大的营销矩阵结合，为商家赢得较高的品牌声誉，实现强有力的消费者运营转化，最终建立完善的数字用户资产体系[④]。

四、美团发挥平台模式优势，带动生活旅游场景一体化建设

2019年，美团持续发挥平台模式优势，协同各业务板块，带动生活、旅游场景一体化建设，主要体现在：聚焦"Food+Platform"（美食+平台）战略，通过用户高频次的生活需求带动低频次的旅游需求，从而实现生活服务带动旅游服务，完成生活服务业务场景覆盖；在B端（Business，商家）方面，通过协同美团酒店预订及其他到店业务赋能B端；在服务C端（Consumer，个人用户）方面，美团借助自身所

---

① 同程艺龙2019全年财报：收入73.93亿元，净利润同比增加35.4%[EB/OL].[2020-03-26].https：//kua ibao.qq.co m/s/2 0200326A062WF00?refer=spider.

② OTA"三剑客"谁最牛？携程、同程艺龙、途牛三季报出炉[EB/OL].[2019-12-24].https：//mp.weixin.qq.com/ s/NrOR 36t cHALY8 aWQxZowg.

③ 同程艺龙三季报出炉：经调整净利大增，MAU、MPU创历史新高[EB/OL].[2019-11-26].https://www.sohu.com /a/3565 65959_100243494.

④ 飞猪、美团正面挑战携程，2019年的谁能笑到最后[EB/OL].[2019-09-01].http：//www.360doc.com/content/ 19/0901/ 22/ 573 09685_858557572.shtml.

拥有的强大的流量，结合先进数字技术，不断优化用户景区消费场景，从而进一步推动自身门票业务快速发展。除此之外，美团推出主 +X 计划，协同酒旅板块与其他业务板块，使其互为流量依托，相互引流推动主要业务跨品类发展，促进周边业务差异化发展。总之，通过发挥平台优势，协同酒店与其他各板块发展，美团实现酒旅业务高速发展。数据显示：美团到店及酒旅业务收入同比增长 40.6% 至 223 亿元人民币，交易金额同比增长 25.6% 至 2221 亿元人民币①，涨幅较大，发展迅猛②。

五、途牛业绩持续低迷，线下业务拓展受阻

2019 年途牛第三季度营业收入为 8.525 亿元人民币，同比增长 11.7%，源自跟团游收入的小幅增长③，相比其他 OTA 企业，2019 年途牛发展情况较不理想，连续几个季度业绩处于下滑状态，市场份额持续被压缩。途牛业绩低迷的主要原因在于：途牛在成本控制方面存在失误，营收增长无法覆盖甚至抵消成本上涨；资产规模虽处上升趋势，但增速较低；业务推进缓慢，股价波动；活跃用户数量不足，无法保持市场份额增长；线下业务开拓竞争激烈。对途牛来说，能否找到合适的发展战略解决成本控制问题，是其未来发展的关键④。

第四节　产业链上游：运营标准化成热点，各要素市场发展情况良好

一、供应端运营管理标准化，目的地资源产品品类扩充

2019 年，在国家多项政策的鼓励与号召下，旅游产业链上游供应端着力于市场标准化发展：在航司方面，为降低用户退改签机票费用，国内客运航司依据时间与票价水平的关系设置梯度收费标准，并于官网、移动端口等多个渠道进行公示；在酒店方面，行业监管是又一重点，酒店行业加大安全防范和检查力度，积极开展星级饭店专项整治；在景区方面，随着部分头部景区摘牌，景区监管更加重要，各省份在 5A 级景区常态化退出机制的推动下，纷纷加大自查力度，以推动景区服务水

① 美团 2019 到店及酒旅业务收入 223 亿元 同比增长 40.6%［EB/OL］.［2020-03-30］. https：//www.163.com/dy/article/F90 6G3P60511D2LM.html.

② 不到一年股价涨幅超 100%，美团做对了什么［EB/OL］.［2019-10-11］. https：//www.360kuai.com/pc/9f07b025194 4b9971 .

③ 在线旅游头部变局：持续亏损，途牛或跌出一线阵营［EB/OL］.［2019-12-02］. http：//news.hsw.cn/system/2019/2012/1134432.shtml.

④ OTA 江湖暗涌　途牛穷途末路［EB/OL］.［2019-02-16］. https：//mp.weixin.qq.com/s/WduZFVD7pjWLX3j6fbbwLg.

平高质量发展为目标，实行景区新评级及核查管控，促进供应端管理标准化。

在目的地方面，随着自由行的发展，传统的目的地运营已无法满足游客需求，随着数字化技术的发展，利用智能技术改进旅游产品、提升服务质量、完善以目的地为中心的全产业链条运营已成为新的热点。在此背景下，新型目的地不断发展扩张，将智能化技术投入到用户预订、游玩、消费、查询等场景，在此基础上，提高产品供应链品质，打造新型旅游综合体、度假综合体，增强目的地旅游产品品类①。

二、交通在线预订市场交易规模回暖

（一）机票渠道数字化进程加速，国际航线市场潜力巨大

2019 年机票渠道数字化进程加快，据数据显示，2019 年，在线交通预订市场交易规模达到 628.68 亿元人民币，同比增长 11.8%。在线交通预订市场占在线旅游比重的 70.2%，同比增加 0.3 个百分点。在 2018 年机票市场大幅波动的影响下，2019 年机票出现增速回暖主要原因是在线交通预订仍然是在线旅游预订市场最主要的流量入口，航空公司预订服务渠道数字化进程加快，国内航线进一步扩充，国内旅游市场需求随之升高。

2019 年，我国国际航线市场极具潜力，境内航司新开国际航线 472 条，与国内航班情况相比，国际航线在航班量、运力方面均占优势，因此在线旅游企业也纷纷加强海外目的地资源合作，国际化成为在线交通预订市场的重要发展方向，积极探索海外市场，可为航司及在线旅游企业拓展国际市场奠定基础。

（二）火车票成为在线交通新流量入口

火车票在线预订活跃用户远超航司预订，火车票预订类 APP（Application，应用程序）月活跃用户增长显著。随着我国交通业的发展，高铁成为重要的旅行代步交通工具，火车票预订广受市场关注，成为在线交通预订流量新入口。为了在火车票预订市场抢占一席之地，各大 OTA 企业纷纷布局高铁游火车票预订市场，通过整合产品服务，丰富产品品类搭配组合，以火车票流量入口构建产品服务消费体验闭环，带动住宿、度假板块业务增长②。

三、在线住宿预订市场规模稳定，中高端市场成为在线住宿行业发展关键

（一）在线住宿预订市场规模稳定

2019 年，在线住宿预订市场规模稳定，在线住宿预订市场交易规模达到 2109.29 亿元人民币，同比增长 12.1%，占在线旅游比重 19.4%，基本与去年持平③。

---

① 2020 中国在线旅游市场年度综合分析［EB/OL］.［2020-03-21］. https：//www.sohu.com/a/381880947_114819.

② 2020 中国在线旅游市场年度综合分析［EB/OL］.［2020-03-21］. https：//www.sohu.com/a/381880947_114819.

③ 2020 中国在线旅游市场年度综合分析［EB/OL］.［2020-03-21］. https：//www.sohu.com/a/381880947_114819.

（二）中高端市场成为在线住宿行业发展关键

随着旅游消费升级，游客对住宿品质更加注重，中高端住宿市场成为住宿业发展的关键，在此背景下，中高端酒店利用资源大举进行规模化建设，民宿市场则扬长避短，拓展开发多样化、高容量、多场景的新房型。作为住宿业不可缺少的一部分，住宿预订平台在未来的建设上，将注重高品质供应资源的开发拓新，紧抓中高端住宿市场[①]。

① 2020中国在线旅游市场年度综合分析［EB/OL］.［2020-03-21］. https：//www.sohu.com/a/381880947_114819.

第三章
综合类旅游电商

第一节　2019 年综合类旅游电商发展概述

2019 年对中国在线旅游来说注定是与众不同的一年，中国在线旅游经过二十年的发展，逐渐完善和稳步成长，线上线下融合趋势进一步加强。各个在线旅游企业开始专注深挖细分市场，深耕旅游业务，以期获得更稳定的市场份额。中国的在线旅游市场格局基本稳定下来。

通过对当前中国在线旅游企业的经营模式和商业模式进行分析，可以将目前国内的在线旅游企业分为三种，综合性旅游电商（OTA）、广告型旅游电商（以社区点评类为主）和新模式类型（以飞猪、美团为主）。

综合性旅游电商是最典型的在线旅游电商模式，此类型企业专注于综合性的业务，并具有较高的发展潜力。这种形式的企业一般以网络零售业为主，在发展的过程中借助互联网进行营销。除携程、艺龙等传统旅游电商外，去哪儿网也通过业务的扩张从垂直搜索平台加入综合性服务电商的行列。综合性旅游电商大多从“机票＋酒店”的传统模式发展而来，在发展的过程中逐渐扩大板块和业务，如进军休闲旅游、门票市场等。携程与艺龙都是专注于旅游度假产品的预订，二者侧重于“机票＋酒店”商务旅行服务。携程网是国内最早为旅游散客提供酒店和网上机票预订业务的旅游电子商务企业，实现了传统旅游和互联网的无缝结合，因此，机票加酒店模式又被称为携程模式。

第二节 携程网

一、企业简介

携程旅行网创立于 1999 年，总部设在中国上海，目前已在北京、广州、深圳、成都、杭州、南京、厦门、重庆、青岛、武汉、三亚、南通等 95 个境内城市设立公司，新加坡、首尔、中国香港等 22 个境外国家和地区设立分支机构，在中国南通、苏格兰爱丁堡设立服务联络中心。

图 3–1 携程网 Logo

作为中国领先的综合性旅行服务公司，携程成功地整合了高科技产业与传统旅行业，提供集无线应用、酒店预订、机票预订、旅游度假、商旅管理及旅游资讯在内的全方位旅行服务，被誉为互联网和传统旅游无缝结合的典范。凭借稳定的业务发展和优异的盈利能力，携程于 2003 年 12 月在美国纳斯达克成功上市，上市当天创纳市 3 年来开盘当日涨幅最高纪录，目前市值超过 230 亿美元。[①]2019 年 10 月 28 日，携程宣布更名，从 Ctrip（携程）正式更名为 Trip.com Group（携程集团）。

首先，携程旅行网的核心优势是服务规模化和资源规模化。当前，携程同全球 134 个国家和地区的 28 000 余家酒店建立了长期稳定的合作关系，其机票预订网络已覆盖国际国内绝大多数航线，送票网络覆盖国内 52 个主要城市。这种规模化的运营不仅可以为会员提供更多优质的旅行选择，便利了会员的旅行，还保障了服务的标准化，进而确保服务质量，规模化的服务还可以降低运营成本，使得携程更具有市场竞争力。

其次，技术创新是企业发展与进步的源泉和动力。携程建立了一整套现代化

① 携程网机票预订，网上订机票，酒店旅游度假概况［EB/OL］. http：//pages.ctrip.com/public/ctripab/abctrip.htm.

服务系统，包括客户管理系统、房量管理系统、呼叫排队系统、订单处理系统、E-Booking 机票预订系统、服务质量监控系统等，依靠这些先进的服务和管理系统，携程能够为会员提供更加便捷和高效的服务。

再次，先进的管理和控制体系是携程的又一关键优势。携程将服务过程分割成多个环节，以细化的指标控制不同环节，并建立起一套测评体系。同时，携程还将制造业的质量管理方法——六西格玛体系成功运用于旅行业。目前，携程各项服务指标均已接近国际领先水平，服务质量和客户满意度也随之大幅提升。

最后，敏锐的观察力以及紧随行业潮流一直以来都是携程的优势。随着旅游市场的日渐细分化，定制游市场不断发展和扩大。携程抓紧机会，不断发力定制游市场。当前我国旅游业已经进入以定制为代表的 3.0 个性化服务时代，定制业务的高速发展催生巨量的定制师需求。但一对一服务模式对定制师综合素质要求极高，与导游、领队不同，定制游行业长久以来缺乏职业培训体系，且还未形成对定制师这一职业的统一认识和管理，行业内存在不少“伪定制师”“伪定制游”等问题。2018 年 3 月，携程定制旅行在上海举行发布会，颁出了国内首张定制师上岗证，同时发布“携程定制师认证体系”和“社会化定制师培养计划”，并推出携程定制学院。首创行业资格认证标准，这意味着定制游行业进入定制师需持证上岗的全新时代。2018 年 5 月，国内首个“定制学院”开始面向社会特别是应届毕业生招生，计划在一年内招收培训 3000 名定制师，为全国定制旅行供应商输送人才，以服务需要定制游的个人、家庭和企业用户。携程定制旅行平台在 2017 年在线提交的定制需求单量超 100 万单，2018 年客户量继续成倍增加。平台上会集了 1000 多家定制供应商的 4000 多名定制师，但依然供不应求，因此，优秀定制师人才的缺口依旧很大。携程始终在深耕定制旅游这一板块，携程式的创新引领行业的进步。

当前，携程的综合实力不容小觑，服务规模化和资源规模化、技术创新、先进的管理和控制体系以及敏锐的观察力都是携程不断发展获得行业认可的关键优势。

二、2019 年企业财报分析

表 3-1　携程网 2018 年 4 季度主要财务指标[①]

填表日期	2019-12-31	2019-09-30	2019-06-30	2019-03-31
财报类型	Q4	Q3	Q2	Q1
币种	人民币	人民币	人民币	人民币
盈利能力				
收入	83.35 亿	104.8 亿	86.91 亿	81.64 亿

① 携程旅行网公布2018年第四季度及全年财务业绩［EB/OL］.［2019-03-05］. http：//www. mnw. cn/keji/internet/2135787. html.

续表

填表日期	2019-12-31	2019-09-30	2019-06-30	2019-03-31
收入增长	10.25%	11.98%	18.75%	21.29%
毛利	66.07 亿	83.19 亿	68.93 亿	64.75 亿
毛利增长	11.23%	12.97%	17.83%	18.01%
归母净利润	20.08 亿	7.930 亿	-4.030 亿	46.13 亿
归母净利润增长	268.74%	169.62%	-116.93%	335.19%
基本每股收益	3.38	1.40	-0.73	8.32
稀释每股收益	3.23	1.35	-0.73	7.45
销售毛利率	79.27%	79.41%	79.31%	79.31%
销售净利率	23.91%	7.83%	-4.63%	56.19%
营运能力				
应收账款周转率（次）	—	—	1.24	—
存货周转率（次）	—	—	—	—
总资产周转率（次）	—	—	0.04	—
应收账款周转天数	—	—	72.67	—
存货周转天数	—	—	—	—
总资产周转天数	—	—	2011.56	—
投资回报				
净资产收益率	—	—	-0.44%	—
总资产收益率	—	—	-0.21%	—
偿债能力				
流动比率（倍）	0.98	1.02	1.07	1.14
速冻比率（倍）	—	—	—	—
经营业务现金净额 / 流动负债	—	—	—	—
资本结构				
资产负债率	46.62%	48.87%	51.61%	51.18%
产权比率	87.35%	95.59%	106.65%	104.83%

携程 2019 年全年净营业收入为 357 亿元人民币，同比增加 15%；若不计股权报酬费用，营业利润率为 19%，相比 2018 年为 14%。截至 2019 年 12 月 31 日，携

程的资金情况良好，其现金及现金等价物、受限制现金、短期投资余额、债权投资及长期理财投资余额为 599 亿元——这也为携程渡过“全球旅游业的至暗时刻”打下坚实基础。

三、2019 年企业大事记

2019 年 1 月：中英商务理事会（CBBC）向携程颁发了“年度最佳投资者”这一殊荣。这是因为携程对领先的元搜索公司 Skyscanner（天巡）的收购及在爱丁堡建立的首个海外呼叫中心。除了天巡，携程在爱丁堡的另一项重大投资就是海外服务联络中心，这也是携程首个海外呼叫中心。目前，爱丁堡呼叫中心同样实行 7×24 小时营业，携程也希望“在这个坚实基础上，进一步为携程所有的客户提供更好的旅行服务。①

2019 年 2 月：携程全球首个目的地服务中心落地普吉岛。②

2019 年 4 月：携程集团宣布和 Naspers 达成协议，将发行新股，交换后者所持有的印度在线旅游企业 MakeMyTrip 股票。与此同时，携程将以一部分 MakeMyTrip 的普通股和 B 类普通股入股一家第三方投资基金。③

2019 年 6 月：携程通过官方微博宣布签约彭于晏为代言人。由彭于晏拍摄的携程最新 TVC 广告片（Television Commercial，商业电视广告）及平面广告将于 6 月 6 日起在全国机场、高铁站、携程旅游线下门店等场景同步投放。同时，彭于晏也将作为携程国际品牌 Trip.com 港澳台地区代言人在这些区域向公众正式亮相。④

2019 年 6 月：携程集团与斐济旅游局（Tourism Fiji）、斐济航空（Fiji Airways）在上海签署了战略合作协议。携程与斐济旅游局和斐济航空的合作将会推动更多中国游客前往南太平洋上的明珠——斐济。⑤

2019 年 7 月：携程集团携手旗下携程集团公司 Trip.com 于马来西亚槟城签署了全球战略合作备忘录，这也是槟城旅游局、携程集团和 Trip.com 的首次全球战略关系合作。根据战略协议内容，双方将重点关注目的地的多品类旅游产品开发，特别针对自由行、酒店和景点玩乐的产品发展计划。充分利用目的地营销策略，携程集团联手 Trip.com 致力于提升槟城在全球的品牌知名度，使之成为中国游客在马来西亚甚至东南亚地区旅行的首选目的地。此外，另一重要的推广目标之一，将大幅吸引来自新加坡、韩国、澳洲和中国香港等国家与地区的游客到访。⑥

2019 年 7 月：携程宣布正式推出“境外打车”服务。该服务整合了所有主流打车平台，支持在全球 758 个城市一键叫车。据官方介绍，目前境外打车功能已经覆

① 携程新闻［EB/OL］.［2019-01-28］. http：//pages.ctrip.com/marketing/news.htm?file=2019012801.
② 携程新闻［EB/OL］.［2019-02-03］. http：//pages.ctrip.com/marketing/news.htm?file=2019020301.
③ 携程新闻［EB/OL］.［2019-04-26］. http：//pages.ctrip.com/marketing/news.htm?file= 20190426.
④ 携程新闻［EB/OL］.［2019-06-06］. http：//pages.ctrip.com/marketing/news.htm?file= 20190606.
⑤ 携程新闻［EB/OL］.［2019-06-25］. http：//pages.ctrip.com/marketing/news.htm?file= 20190625.
⑥ 携程新闻［EB/OL］.［2019-07-10］. http：//pages.ctrip.com/marketing/news.htm?file= 20190710.

盖全球东南亚、美国、欧洲等 47 个国家和地区的 785 个城市。为了让国内用户出境旅行方便，携程推出了三大人性化服务：24 小时客服、人民币在线支付、与司机中文沟通自动翻译。①

2019 年 8 月：携程与西西里达成战略合作。②

2019 年 9 月：携程集团与摩洛哥国家旅游局正式签署战略合作协议，双方将深化合作，促进更多中国游客赴摩旅游。③

2019 年 9 月：携程集团宣布与世界十大开发商之一的迪拜伊玛尔集团达成合作，双方将以推动中国旅客赴迪拜旅游为目的，在广告宣传、品牌推广等方面展开合作。④

2019 年 10 月：携程在 20 周年盛典暨第二届全球合作伙伴峰会上宣布，英文名称正式更名为“Trip.com Group”。⑤

2019 年 12 月：携程集团 CEO（Chief Executive Officer，执行总裁）孙洁与出席“中国—老挝旅游年”闭幕式的老挝新闻文化旅游部部长吉乔·凯坎匹吞举行会面。双方就中国—老挝旅游发展前景、如何通过签证电子化提升旅游便利，以及生态保护与可持续旅行等多个议题展开深入交流。⑥

四、战略剖析与企业解读

（一）携程 20 周年宣布未来战略：“G2”聚焦高品质及全球化

携程集团名字的更改代表了新的愿景和期待。新英文名称更改为“Trip.com Group”。“Trip”代表“程”，“com”代表“Companion 伙伴”也就是“携”手。“com”也可以代表“Company”，代表一群人一起投入一项特别有意义的事业。新名称更强调“Group”群体的概念。

携程自 1999 年成立，经过 20 年发展，已逐步由一个携程品牌发展为多品牌矩阵集团，其麾下“携程”和“去哪儿”各自在中国市场占领主导地位。随着携程产品和品牌加速覆盖，携程未来“G2”战略提上日程,G2 即 2 个 G：Great Quality（高品质）和 Globalization（全球化）。

在 Great Quality（高品质）方面，核心是以客户为中心，为客户提供最佳服务和需求。携程的目标是将产品和服务做到友好和方便，提供多语言服务，做到服务高可靠和技术高可靠，从而达到全球全覆盖和最佳质量的目标。

在 Globalization（全球化）方面，携程集团将兼具当地行动和全球视野；要用全球智慧惠及全球客户；要建设全球化的产品、供应链、服务和品牌；同时，要培

① 携程新闻［EB/OL］.［2019-07-11］. http：//pages.ctrip.com/marketing/news.htm?file= 20190711.
② 携程新闻［EB/OL］.［2019-08-08］. http：//pages.ctrip.com/marketing/news.htm?file= 20190808.
③ 携程新闻［EB/OL］.［2019-09-09］. http：//pages.ctrip.com/marketing/news.htm?file= 20190909.
④ 携程新闻［EB/OL］.［2019-09-27］. http：//pages.ctrip.com/marketing/news.htm?file= 20190927.
⑤ 携程新闻［EB/OL］.［2019-10-29］. http：//pages.ctrip.com/marketing/news.htm?file= 2019102901.
⑥ 加速布局东南亚市场：携程升级老挝签证绿色通道［EB/OL］.［2019-12-18］. https：//www.pinchain.com/article/209593.

育和吸引全球化的人才。[①]

（二）“STAR”社会责任战略

在携程 20 周年盛典上，携程集团董事局主席梁建章介绍了携程的最新愿景。其中在社会责任方面，首次发布携程“STAR”社会责任战略，并启动国内首个旅行公益平台。

携程公益平台定位于“互联网 + 公益 + 旅行”全新资助模式，公益平台还会在未来增加两个新的方向：旅行环保以及旅游扶贫，目标是成为全球最大规模最有影响力的旅行公益平台。

成立 20 年，携程也首次公布了社会责任战略——“携程之星—STAR”：Safe Travel，保障旅行安全；Targeted poverty alleviation through Travel，精准旅游扶贫；Access to Travel，减少旅行鸿沟；Responsible Travel，负责任的旅行。携程在这四个方向已经积累了经验。携程在业内首家设立重大灾害旅游体验保障金，基金金额达 1000 万元。同时，携程通过上线全球 24 小时“旅行 SOS”服务，保障游客旅行安全；在响应国家扶贫战略，开展旅游扶贫方面，携程上线旅游扶贫专区，累计上线旅游扶贫产品百余条；携程还发挥旅行平台优势，持续助力弱势群体出行；携程也是国内首家推行“碳补偿”的企业，累计栽种携程林超过 110 万棵。今年，携程还受邀加入英国萨塞克斯公爵哈里王子发起的全球可持续旅行倡议（Travalyst）。

携程之星战略从 4 个维度构建起旅行者和目的地之间的和谐共生关系，清晰地表达了携程面向未来的社会责任体系，显示了一个负责任企业的社会担当。[②]

（三）发力国际化市场和低线市场

携程的使用用户中，60% 以上来自于二三线城市，携程有望在低星酒店和交通产品上发力，进一步拓展二三线城市的市场份额。线下门店的扩张，尤其是在低线城市的扩张，提升了携程的影响力。

2019 年，携程的门店实现了全国 32 个省级区域的布局，门店数量超过了 7500 家。在门店布局中，重点发力了县级区域的渠道下沉，重点挖掘低线市场的旅游潜力。县级门店数量超过 600 家。在 2020 年，携程要持续发力，实现全国省份的全覆盖，全国地级以上城市的全覆盖，900 个县城市的覆盖，继续保持渠道的覆盖率和渗透度提升。

同时，携程旅行网在市场拓展还有一个大目标，就是争取实现出国开门店，实现渠道国际化。[③] 国际化扩张和低线市场渗透将成为携程未来增长路径上更重要的驱动力。

---

① 携程新闻［EB/OL］.［2019-10-29］. http：//pages.ctrip.com/marketing/news.htm?file= 2019102902.

② 携程新闻［EB/OL］.［2019-10-29］. http：//pages.ctrip.com/marketing/news.htm?file= 2019102903.

③ 携程旅游渠道事业部CEO张力：2020再战线下门店［EB/OL］.［2020-01-02］. https：//www.pinchain.com/article/210718.

（四）联合 KOL 进行流量带货

疫情的暴发只是延后了旅游需求，在疫情中久未出门的人，一部分特别容易在疫情消失后“冲动消费”。因此，携程开启“复兴 V 计划”，仅 2 周，酒店预售销量增长 2000%。

携程联合 KOL（Key Opinion Leader，关键意见领袖）进行流量带货，将内容种草与折扣结合来吸引用户。力推酒店预售产品，一方面是给消费者提供性价比高的商品，另一方面是帮助合作伙伴渡过疫情难关。为了打造高质量的预售产品，酒店与代运营合作方云井及平台协同合作，在携程上提供了细节感十足的预售打包页面，包括产品的拍照、组合，甚至连“酒店提供公筷、公勺，不用担心健康问题”“套餐内的鲍鱼是鲜鲍，不是干鲍”等微小细节，都被注意到。同时，多方也将联手保障预售用户后续的预约和服务。通过携程的品牌信誉担保，不仅有助于供应商加速回笼资金，也有助于为疫后旅游业的恢复留住一批有实力有能力的优质商家。①

第三节　同程艺龙

一、企业简介

同程艺龙是同程旅游集团旗下的同程网络与艺龙旅行网在 2017 年 12 月 29 日共同成立的公司，通过整合双方大交通、酒店等优势资源，将其打造成为更加领先的旅行服务平台。2018 年 3 月新公司完成合并。

图 3-2　同程旅行全新 Logo

同程旅游（全称是同程网络科技股份有限公司）是一个多元化的旅游企业集

① 携程联合 KOL 带货：30 分钟撬动 300 万酒店消费［EB/OL］.［2020-03-18］. https：//www.pinchain.com/article/216225.

团，也是中国领先的休闲旅游在线服务商和中国一流的一站式旅游预订平台，正式创立于2004年。同程旅游以“休闲旅游第一名”为战略目标，积极探索线上线下和体验相结合的“新旅游”模式，在发力机票、火车票、酒店、金融等业务外，积极布局境外游、国内游、周边游等业务板块，目前在中国景点门票预订、邮轮等多个领域处于市场领先位置。

艺龙旅行网是中国领先的在线旅行服务提供商之一，通过网站、24小时预订热线以及手机艺龙网三大平台，为消费者提供酒店、机票和度假等全方位的旅行产品预订服务。艺龙旅行网通过提供强大的地图搜索、酒店360度全景、国内外热点目的地指南和用户真实点评等在线服务功能，使用户可以在获取广泛信息的基础上做出旅行决定，开始轻松愉快的旅程。

同程艺龙的核心业务主要有两块，交通票务和住宿预订。在交通票务方面，为用户提供机票、火车票、汽车票及船票等预订服务及其他配套的增值服务，其收入所得就是向供应商收取佣金，向服务的用户收取服务费。酒店住宿方面，同程艺龙提供大量多样化的住宿以满足用户不同的预算及喜好，公司根据预订量向住宿供应方收取佣金。

同程艺龙最显著的特色就是微信小程序入口。作为在微信生态延伸功能较早布局的OTA开拓者，其开发推广的“酒店机票火车”小程序可以直接触达用户，完成用户从预订到行程完成后生态的闭环服务，因此在产品设计、用户体验、技术服务上有更多先发优势。

小程序不仅为用户简化了下载、注册等一系列复杂出行预订体验，便利了用户，切实满足用户需求，提升用户体验。而且以微信为代表的连接工具，放大了新的商业机会、商业场景和商业形态。同程艺龙小程序凭借强大的流量优势和产品优势，不但收获了用户，更完成了社交场景的渗透，这种渗透通过微信支付、小程序、讨论群以及用户的每次出行预订，完成了用户出行方式和商业边界的溶解，创造了全新的出行预订生态。

2020年4月22日，同程艺龙宣布重大消息——启动品牌升级，同程旅游APP及同程艺龙小程序更名为同程旅行，并同步启用了全新的LOGO和品牌口号“再出发，就同程”。

二、2019年企业财报分析

（一）业绩概要

同程艺龙第四季度净营收19.565亿元（以下单位均为“人民币”），同比增长24.4%；2019年全年总营收同比增加21.4%至73.93亿元。2019年四个季度，同程艺龙的营收增幅分别为17.5%、21%、22.3%、24.4%，呈不断上扬趋势。

具体分业务板块来看，按合并基准，受益于间夜量销售增加，2019年同程艺龙来自住宿预订服务的收入达到了23.58亿元，相较2018年的18.48亿元同比增加27.6%；交通票务方面，按合并基准，基于航段量和火车票量的销售增加，来自交通票务的收入同比增加 12.2% 达到了 45.18 亿元，2018 年该项业务收入为 40.25 亿元；同样按合并基准，景点门票、广告服务、配套增值服务等其他收入大幅增加，由 2018 年的 2.18 亿元提高到 5.17 亿元，同比大增 137.3%。

其他收入主要包括广告服务、景点门票以及会员卡三部分。值得注意的是，同程艺龙从第二季度开始发力广告业务，到第三季度收入首次超过亿元。第四季度继续保持了高速增长，而这主要是因为同程艺龙与腾讯在广告方面的合作，前者的部分广告位由腾讯广告客户消化。

	截至12月31日止年度 2019年 本集团	12月31日止年度 2018年 本集团	同比变动	截至3月9日止期间 2018年 同程线上业务	截至12月31日止年度 2018年 合并	同比变动
	（人民币千元）			*（人民币千元）*		
收入	**7,392,932**	5,255,639	40.7%	835,148	6,090,787	21.4%
住宿预订服务	**2,358,123**	1,830,370	28.8%	17,236	1,847,606	27.6%
交通票务服务	**4,517,658**	3,232,521	39.8%	792,752	4,025,273	12.2%
其他	**517,151**	192,748	168.3%	25,160	217,908	137.3%
除所得税前溢利	**881,511**	601,526	46.5%	286,059	887,585	(0.7)%
年内溢利	**686,522**	534,539	28.4%	224,744	759,283	(9.6)%
经调整EBITDA	**2,018,532**	1,152,134	75.2%	329,515	1,481,649	36.2%
年内经调整溢利	**1,544,320**	915,945	68.6%	224,744	1,140,689	35.4%
经调整EBITDA利润率	**27.3%**	21.9%			24.3%	
经调整净利润率	**20.9%**	17.4%			18.7%	

图 3–3 主要业务板块收入

其中，同程艺龙 2019 年第四季度总收入由 2018 年第四季度的 15.72 亿元增加 24.4% 至 19.57 亿元，经调整溢利由 2018 年第四季度的 1.97 亿元增加 67.7% 至 2019 年第四季度的 3.31 亿元，2019 年第四季度的经调整净利润率为 16.9%，高于 2018 年第四季度的 12.6%。

根据财报，截至 2019 年 12 月 31 日同程艺龙共有 5400 余名全职雇员，对比公司 2019 年 1661 亿元的交易额来看，人效比呈现较高水平。

	截至12月31日止年度 2019年		2018年	
	（人民币千元）		*（人民币千元）*	
雇员福利开支	**273,468**	**11.8%**	296,339	18.5%
订单处理成本	**978,477**	**42.2%**	704,228	44.0%
承担存货风险的买断产品的成本	**427,752**	**18.5%**	188,070	11.8%
物业、厂房及设备和使用权资产折旧	**122,091**	**5.3%**	101,442	6.3%
采购成本	**239,127**	**10.3%**	92,160	5.8%
其他	**276,831**	**11.9%**	218,274	13.6%

图 3–4 截至 2019 年雇员情况

用户增长方面，按合并基准，同程艺龙 2019 年 MAU（平均月活用户）同比增加 17.1% 到 2.05 亿人次，MPU（平均月付费用户）同比增加 34.5% 到 2690 万人次。从全年看，同程艺龙 2019 年的年度付费用户数量达到了 1.52 亿。在交易额方面，同程艺龙全年交易额为 1661 亿元，同比增加 26.3%。

	截至12月31日止年度	截至12月31日止年度	同比变动
	2019年	2018年	
交易额（人民币10亿元）	**166.1**	131.5	26.3%
平均月活跃用户数目（按百万计）	**205.2**	175.2	17.1%
平均月付费用户数目（按百万计）	**26.9**	20.0	34.5%

图 3–5 用户活跃度

在用户规模上，第四季度，同程艺龙的 MAU 为 2.06 亿人次，同比增长 18.5%；MPU 达 2710 万人，同比增长 21.5%。值得注意的是，这两项数据环比上个季度都有所减少。从全年来看，同程艺龙 2019 年 MAU 同比增加 17.1% 到 2.05 亿人次，MPU 同比增加 34.5% 到 2690 万人次。同程艺龙 2019 年的年度付费用户数量创下了历史新高，达到了 1.52 亿人次，较 2018 年增长 35.1%。其流量入口主要为微信支付入口、小程序、自有 APP 等。①

从净利润方面来看，第四季度经调整净利润为 3.31 亿元，同比增长 67.7%；全年经调整的净利润为 15.44 亿元，同比增长 35.4%。值得一提的是，截至 9 月 30 日，同程艺龙前三个季度 12.1 亿元的净利润，已经超过 2018 年全年的 11.4 亿元。

（二）原因分析

同程艺龙能够占据较大的市场份额，与微信小程序的导流功能分不开。微信为其提供了多个入口通道来访问同程艺龙微信小程序，包括微信支付入口、小程序等，带来了不容忽视的流量。2019 年年底，同程艺龙上线了“好享玩精选”小程序，主打周边玩乐场景，从高频刚需的爆款美食、亲子休闲、本地玩乐、周边度假等休闲消费产品入手，联合商家打造集聚吃喝玩乐于一体的休闲度假服务平台。实际上，这是同程艺龙通过微信导流的又一再现。

然而，同程艺龙对微信的依赖却也是一把双刃剑。一方面，利用好微信这样的社交平台可以更好地为 OTA 实现流量引入和技术赋能，获得持续发展的动力。尤其对于如今想要扩大下沉市场流量的同程艺龙来说更是需要依仗微信这一流量池的支持，保证用户黏性。

另一方面，过分依赖腾讯存在潜在风险，值得同程艺龙重视。对 OTA 平台来说，其流量来源包括三个方面，即平台自有流量、外部合作平台流量及付费购入的流量。OTA 平台同合作平台流量池共享，是流量的重要来源，如果合作双方合作断

① 同程艺龙财报：2019 年同程艺龙收入 73.93 亿元［EB/OL］.［2020–03–26］. https://tech.sina.com.cn/roll/2020-03-26/doc-iimxxsth1958567.shtml?tj=none&tr=9.

掉，对于 OTA 平台的流量影响会非常大。从腾讯的 OTA 版图来看，除了投资同程艺龙，去年 5 月投资了自由旅行服务平台马蜂窝，同时，自己也在着手打造智慧旅游 APP，比如，与云南省政府共同打造的“游云南”APP，便是腾讯产业互联网战略在区域旅游行业的布局试点。所以，如何把握双方的合作，把握合作中存在着的竞争关系，规避风险，是同程艺龙需要慎重考虑的事项。①

三、2019 年企业大事记 ②

2019 年 3 月：同程艺龙上线“酒店通”产品，它通过 1∶1 手绘还原酒店外观、周边设施及环境，3D 建模及 VR 真实还原室内所有设施、服务，让用户可以提前了解酒店内部所有的吃喝玩乐以及周边设施和环境，做到对即将入住的酒店了然于心，满足用户的个性化需求。

2019 年 5 月：同程艺龙与马蜂窝合作共建行中场景闭环体验。

2019 年 7 月：北京首旅集团与同程艺龙在 2019 年就全域旅游达成战略合作，北京野生动物园全域通产品率先合作落地，开启了智慧全域旅游的第一步。

2019 年 9 月：业内首推听障用户“55 服务”。

2019 年 10 月：同程艺龙和中国中旅酒店集团签订战略合作协议，双方将通过会员互通项目，在产品创新、品牌营销等方面展开深度合作与全新探索，共同提升消费者的住宿服务体验。

2019 年 10 月：同程艺龙小程序正式上线“高铁游”频道，在此频道内，同程艺龙全面整合了交通、景点门票、酒店等高铁游专享相关资源，用户可以根据自身需求选择旅行产品，实现便捷出行。

2019 年 11 月：同程艺龙荣获软件绿色联盟多项大奖。

2019 年 11 月：同程艺龙与开元酒店集团在杭州签订战略合作，正式打通双方会员和实现权益共享，届时用户在同程艺龙平台预订开元酒店集团旗下成员酒店产品时，将可享受到开元商祺会会员所对应的专属权益。这也是继同程艺龙与中旅酒店集团就会员互通达成深度合作后的又一大动作。

2019 年 12 月：同程艺龙联手 vivo（维沃）快应用，在出行订票高峰期，为广大用户开启订票新姿势。

四、战略剖析与企业解读

（一）品牌升级，聚焦目标客户

通过本次品牌升级，同程艺龙将更加清晰地聚焦目标客户，以用户口碑为导向提升产品和服务体验。未来，同程艺龙将着重关注年轻、时尚、个性的消费群体，

① 同程艺龙 Q4 财报：营收继续上升，净利润为 3.31 亿元［EB/OL］.［2020-03-26］. https://www.360kuai.com/pc/921b9b76787616f1d?cota=3&kuai_so=1&sign=360_57c3bbd1&refer_scene=so_1.

② 同程艺龙［EB/OL］.［2019-03-20］. https://www.pinchain.com/?s=%E5%90%8C%E7%A8%8B%E8%89%BA%E9%BE%99.

为这些群体提供便捷、聪明、安全的出行服务，这也与同程艺龙品牌年轻化趋势和深耕低线城市战略不谋而合。

飞鸟＋鱼＋飞艇的全新品牌视觉形象是期望同程旅行能够为用户传递“尝试从未尝试过的路，遇见不可思议的你”这样一种出行理念。研究数据显示，消费者在使用过程中对于各大OTA及旅游平台的认知并没有太多的归属感，各大OTA提供了比较同质化的产品，在使用的过程中差异感不大。所以，同程艺龙抓住本次品牌升级的机会，想要在三四线城市进行品牌渗透，增强品牌优势，为小镇青年们提供个性化、差异化的产品。

2020年，对于整个旅游行业都是伤痛的一年。在行业大背景下，对于同程来说，要关注的不仅仅是小程序流量已经取得了第一名，更要关注利用信息化技术改造和提升供应链效率，要关注大数据能力和AI（Artificial Intelligence，人工智能）技术能够渗透到各个业务项目中，更要关注产品和服务能够不断升级满足用户的需求。

（二）与快手合作，创旅游直播新业态

同程艺龙与快手达成了战略合作，采用“OTA+短视频”的合作模式，双方将依托各自优势资源，共建“内容＋产品”的合作模式，持续打造“旅游＋直播”新业态。

艾媒咨询数据显示，2019年中国直播电商行业的总规模达到4338亿元。预计2020年中国在线直播的用户规模将达5.24亿人，市场规模将突破9000亿元。新冠疫情对旅游行业造成了巨大的冲击，直播可以打破空间的藩篱、触达更多用户，与用户进行实时沟通互动，可以提升用户黏性和活跃度，成为疫情期间不少旅游企业的选择。

“旅游＋直播”最大的优势是时效性、互动性和真实性，能带来比图片和文字更加丰富生动的信息，借助优惠、抽奖的灵活方式可以和用户进行实时沟通互动。特别是针对疫情期间人们“家里蹲”场景，通过“旅游＋直播”的创新形式，可以很好地满足用户“足不出户云游世界”和“从种草到拔草”的多样化需求。①

在本次合作中，快手将提供千万级流量扶持和优质达人资源，同程艺龙除了提供丰富的旅游产品外，还将携手各大旅游目的地推出系列短视频和直播活动。未来，双方还将就内容营销、场景营销、直播短视频带货等多个方面展开深入合作。

（三）安心启程，助力行业复苏

疫情防控初见曙光，同程艺龙将携手景区、目的地助力疫情复苏后的旅游振兴。

助力景区营销。同程艺龙通过多样化创意营销，助力各地景区有序开园迎客。发起了文旅公益在线论坛并以线上直播的方式发布“2020目的地复苏计划”，联合

① OTA+短视频：同程艺龙与快手创旅游直播新业态［EB/OL］.［2020-03-30］. https：//www.pinchain.com/article/216851.

全球目的地共克疫情难关。同程艺龙宣布将联合快手商家号陆续启动“山河无恙直播节”“山河无恙好物节”等活动，以在线直播等新形式持续助力旅业振兴。同程艺龙和快手将共同探索本地业务发展新模式，打造“旅游 + 直播”新业态，持续优化旅游产业发展结构，促进整个旅游产业的再升级。

助力酒店商户实现快速复苏，同程艺龙联合旗下住哲、带客宝等推出了一系列针对酒店商家的赋能计划，旨在实现“启程计划”中与产业链上下游同舟共济的初心。

助力用户出行。在用户端，同程艺龙推出的“安心启程”系列，覆盖了用户的行前、行中、行后等各个环节，具体包括：①安心行保障。提供自助退改等多项服务保障，让用户放心订也能安心行。②安心坐保障。同程艺龙用车项目推出了安心坐保障，通过系列四重防疫保障措施，确保用户安全出行，打车通勤更安心。③安心房保障。用来满足复工后逐步回升的出行住宿需求，按照每日全面消毒、员工健康监控、安心取消保障、少接触服务和连住有优惠等五大标准筛选出符合条件的酒店，为广大用户提供安全、安心的住宿体验。④安心游保障。以《中国旅游景区安心游防疫准则》为标尺，通过提供“安心客”大数据行程查询助手、微信订票、自助购票系统、智能化机器人等手段，协助景区做好安全防疫工作，全力保障游客身心健康。⑤安心享保障。为向奋战在防控一线的医护人员致敬，同程艺龙旗下付费会员“黑鲸会员”对全国（港澳台除外）医护人员免费 1 年，可以尊享 12 个月腾讯视频 VIP、火车票、机票、酒店、景点门票等 20 项权益，同时，同程艺龙充分发挥资源集合优势，联合各个景区免费向医护人员开放。

第四节　途牛网

一、企业简介

途牛旅游网于 2006 年 10 月创立于南京，以“让旅游更简单”为使命，为消费者提供旅游产品预订服务，产品全面，价格透明，全年 365 天 24 小时 400 电话预订，并提供丰富的后续服务和保障。截至 2018 年年底，途牛合作旅游服务供应商逾 16 500 家，可以为消费者提供的跟团和自助等打包旅游产品超过 220 万种，还有丰富的机票、酒店、签证等单项旅游产品。截至 2019 年 3 月，途牛累计服务超过 1.08 亿人次出游，共获得客户点评 600 多万条，产品综合满意度达到 93%。

途牛网的核心特色是渠道、产品资源，只做旅游路线并对这一细分市场进行深耕细作。这一模式可以应用互联网优势整合旅游产业链，通过呼叫中心与业务运营体系服务客户。之后，途牛网也一直在采用各种办法扩展自身知名度。由于途牛网的重要客户群是白领阶层，有一定的消费能力，于是网络营销中的竞价排名成了途牛网的主要营销手腕。据统计，途牛网投入的网络竞价排名营销费用占了总预算过半份额，而传统推广方法消费的营销费用仅占总投入的30%。虽然投入不菲，不过实际的效果却很好。2007年是途牛网竞价排名营销的第一年，在没有积聚、没有品牌的情形下，就取得了超过百万元的赢利，客源中有60%~70%是冲着竞价排名而来的；2008年，竞价排名营销的后果更为显著，为途牛网带来了近千万元的赢利。

图3–6 途牛网Logo

当然，只有营销是远远不够的，不断追求创新能力才能走得更远。途牛网把更多心思花在产品和服务上。比如以往出现的是单个旅游路线产品，变成了多个产品可同时出现，力求让客户最简略、最便利地找到适合的路线；增强网络数据的实时更新，确保客户可以清晰看到所有旅游路线的订单数量、最新订单、热点订单、老客户评价等，以此为自己出行提供参考。同时针对旅游产品鱼龙混杂的情形，途牛网还制定了回访制度，对所有订单进行逐个回访，确保服务质量，所有的回访记载公开透明地显示在网站上，分5项内容依据客户的评价进行打分，并最终盘算出每个产品的满意度，便于跟踪晋升质量以及便利后续客户选择。根据数据，客户的总体满意度到达了95%。

正是其在线旅游服务的模式弥补了传统旅游销售模式的空白，虽然没有传统旅行社的门店但却有完全的线路，同时比“酒店＋机票”的模式更加直观和详尽，还具备网络销售的便宜和实惠。途牛网成立后持续两年的快速发展获得了风投们的青睐，2011年3月30日，途牛网获得了Gobi Partners（戈壁合伙人有限公司）首轮数百万美元的风险投资。

二、2019年企业财报分析

2019年途牛净营收为23亿元人民币，同比增长1.8%。营收成本为12亿元人民币，较2018年增长12.7%。毛利润为11亿元人民币，较2018年下滑8.0%。运营开支为20亿元人民币，较2018年增长28.1%。不按美国通用会计准则，运营开支为17亿元人民币，较2018年增长30.7%。研发开支为3.036亿元人民币，同比下滑3.7%。不按美国通用会计准则，研发开支为2.892亿元人民币，同比下滑5.0%。

销售与市场营销费用为9.233亿元人民币，同比增长18.7%。不按美国通用会计准则，销售与市场营销费用为 7.501 亿元人民币，同比增长 17.2%。总务及行政开支为人民币 7.494 亿元人民币，同比增长 53.8%。不按美国通用会计准则，总务及行政开支为人民币 7.042 亿元人民币，同比增长 64.8%。

运营亏损 8.708 亿元人民币，而 2018 年运营亏损 3.490 亿元人民币。不按美国通用会计准则，运营亏损 6.341 亿元人民币。净亏损为 7.294 亿元人民币，而 2018 年净亏损为 1.994 亿元人民币。不按美国通用会计准则，净亏损 4.926 亿元人民币。归属于普通股股东的净亏损为 6.992 亿元人民币，而 2018 年净亏损为 1.879 亿元人民币。不按美国通用会计准则，净亏损 4.624 亿元人民币。[①]

三、2019 年企业大事记

2019 年 4 月：途牛法定代表人、执行董事、总经理职务由途牛旅游网联合创始人及 CEO 于敦德变更为途牛旅游网副总裁陈杰。

2019 年 6 月：斐济旅游局携手斐济航空（Fiji Airways）与途牛签署了战略合作协议，将进一步加强旅游领域的合作，吸引更多中国游客前往斐济度假旅行。

2019 年 7 月：途牛旅游网携手首旅如家酒店集团精选盛夏十大旅行路线，包含西北风情、自然风光、海滨度假、亲子时光、红色旅游等热门主题，带您开启夏日打卡之旅。

2019 年 10 月：途牛与华夏银行正式发布华夏途牛“牛魔王”悦游联名信用卡，为热衷旅游消费、注重生活品质的客群提供了丰富的专属权益，助力用户美好旅游消费生活。

四、战略剖析与企业解读

（一）强化核心竞争力，重点打造头部产品提升客户体验

随着人们生活水平的不断提高，在物质层面需求被越来越好满足的基础上，精神层面需求不断增长，其中包括出游需求，且在消费升级趋势下，人们对出游品质的需求不断提升。为了满足消费者品质出游的需求，途牛采取以下措施：

产品品牌的升级和创新。2009 年以来，途牛先后上线了“牛人专线”“瓜果亲子游”“乐开花爸妈游”“朋派定制游”等产品品牌。其中，“牛人专线”作为途牛首个独立产品品牌，既满足了用户对高品质跟团游产品的消费升级需求，又有效地与其他产品进行了区分，形成了产品分层。截至目前，“牛人专线”已累计服务出游人次超过 493 万，第一季度综合满意度达到 96.9%。

服务升级。依据细分市场的需求，途牛重点发展全球旅行摄影品牌“途牛旅拍”。为了给客人提供更好的体验，途牛旅拍积极布局线下门店服务，目前在马尔代夫康杜玛岛、阿雅达岛、玛娜法鲁岛、沙巴以及国内丽江、厦门均设有门店。针

① 途牛 2019 年第四季度营收 4.513 亿元 同比下降 4.2%［EB/OL］.［2020-04-09］. https：//tech.sina.com.cn/i/2020-04-09/doc-iirczymi5370074.shtml.

对消费者个性化出游以及注重性价比的需求，途牛还利用科技赋能美好旅程。依托全球供应链资源采购优势特别是直采能力，以及大数据平台和人工智能用户画像分析，途牛推出全球资源动态打包系统，可以为客户带来更实惠的目的地产品和交通产品打包预订服务，“打包订，更便宜”能够让消费者获得既方便又实惠的体验。种种举措带给客户更实惠且细致的服务。

（二）发力社群推广、借力直营门店，渗透更多场景和客群

得益于互联网信息技术的兴起，社交红利正在创造新的增长点。为此，途牛积极布局社群营销，主要阵地包括微信群、“苔客”小程序、“途牛海报工具”小程序等。

社群营销具有更广泛、更灵活的优势，可以帮助旅游产品进行更持续的推广。

途牛在小程序上开展“3230 满减券”“5 折砍价”等活动，还有一些特价产品海报的推广。用户在使用小程序时不仅获得了相关产品优惠，如果进行分享也能获取收益，此外，还鼓励用户参与文案和海报制作，激发用户的参与感。为更好地进行社群营销，途牛还上线了“苔客”APP。作为“苔客”小程序、“途牛海报工具”小程序的延伸与拓展，“苔客”APP 功能更强大，使用更便捷。用户可将海报和推广文案一键分享至微信朋友圈，同时“任务台”功能可帮助“店主”在众多旅游产品中快速发现当日特价，提升售卖产品的价格竞争力。自 APP 上线以来，苔客“店主”持续增长中。

社群之外，为了开辟新流量入口，2019 年 1 月，途牛还在“途牛旅游”APP 上推出特产频道。这样直接将特产购物对接到网上，深化了目的地服务，也带动了当地旅游的发展，为自身增加了曝光。

另外，途牛也不断扩大直营门店，加快网络布局，渗透自身的产品和服务。截至 2019 年 3 月 31 日，途牛已拥有超过 530 家直营门店，对途牛打包旅游产品交易额的贡献超过 20%。同时，自 2018 年第四季度开始的门店独立包团玩法，获得了线下中老年客户和企业客户的一致好评。①

（三）坚守客户第一，2 亿重大灾害保障金为游客退改护航

新型肺炎疫情发生以来，途牛及时响应国家相关部门要求，全力为用户提供保障服务。

针对有一定时间期限的会员权益，途牛为尽可能减少用户损失，已免费为其延长会员权益 3 个月。此外，借助线上“云旅游”、特产售卖等方式，途牛不仅为被疫情困在家中的用户带来了异地“云旅游”体验，也在助农的同时将深入源头采购的优质特产送到了无数用户家中。

针对合作伙伴，途牛也积极与其携手共渡难关。其中，面向全国合伙门店，途牛推出服务保障措施，内容包括门店管理费减免 6 个月、开展线上培训课程等。

---

① 途牛 2019 年第一季度业绩报告出炉 强化核心竞争力升级产品和服务品质［EB/OL］.［2019-05-24］. http：//zjnews.china.com.cn/yuanchuan/2019-05-24/175581.html.

针对复工复产的刚需，途牛联合各大酒店集团、各大航司分别在 2 月 12 日和 2 月 20 日起推出的“安心住”服务、“放心返”包机服务，解决疫情期间复工人群的入住和出行需求。

与此同时，途牛还发起“绿洲计划”，聚焦旅游目的地整体形象提升，免费为联盟成员提供总价值超过千万元的“联盟助力包”，诚邀旅游局、景区、文旅集团等通过互通资源、渠道共享，为旅游行业的春暖花开蓄力。截至目前，印度尼西亚旅游局、斯里兰卡旅游局、新加坡旅游局等境外旅游机构，甘肃省文化和旅游厅、四川省文化和旅游厅、浙江省文化和旅游厅等境内旅游机构，中国光大银行、广发银行、华夏银行等已经入驻绿洲联盟。[①]

① 2019 年财报解读：途牛坚守客户第一 携合作伙伴共克时艰［EB/OL］.［2020-04-10］. http：//www.bbtnews.com.cn/2020/0410/348944.shtml.

第四章
攻略社区类旅游电商

第一节　2019 年攻略社区类旅游电商发展概述

旅游攻略社区类电商以内容为导向，以用户共享为核心，通过 UGC 的模式进行网站的运营，从而搭建旅行服务平台。旅游攻略类电商的产生源自自助游的发展，随着自助游的兴起，游客出行对旅游攻略的需求增强，以 LonelyPlanet 为代表的旅游指南开创了旅游攻略的先河。之后随着互联网技术的发展，游客在旅游过程中的社交需求越来越大，在线旅游攻略社区逐渐取代付费旅游指南，满足游客在线分享、交流旅游心得。然而由于信息碎片化过于严重，用户无暇从海量信息中提取有效信息，攻略社区类电商发展并不顺利。

一、内容交易无法契合，大批游记攻略公司折戟

在消费升级和移动互联网技术兴起双重因素的刺激下，社区商业化出现拐点。马蜂窝、穷游相继拿到融资，在路上、面包旅行、蝉游记等大批移动端旅游记攻略公司出现在市场上。然而大批旅游攻略创业公司的兴起并不意味着攻略类旅游电商的良好发展，随着消费升级、游记分享门槛逐步降低，用户需求也更加难以捉摸。传统 UGC 社区通过平台筛选整合用户生成内容形成攻略或手册的思路，已不适用于当今信息爆炸的时代。用户从海量游记、攻略中提取对自身有用的信息，用户体验极差。更为致命的是，由于攻略类电商无预订功能，在用户耗费大量时间查找攻略后，仍是要去携程等应用完成预订，攻略类电商在提供内容后如何引导用户消费、达成交易成为攻略类电商发展的重要课题。

在探索攻略类电商内容交易契合点的过程中，部分企业折戟其中：在路上融资失败破产、蝉游记转卖给携程；部分企业如面包旅行，在获得融资后开始艰难的转

型之旅。还活跃在旅游 UGC 社区的攻略类电商只有穷游、马蜂窝和猫途鹰。面对全场景覆盖的互联网旅游咨询，旅游攻略类电商服务范围本就小众，提供好的内容可以实现引流，但支持攻略类电商长久发展最为关键的还是变现模式，不发展出良好的商业模式实现内容变现，攻略类电商发展举步维艰[①]。

二、马蜂窝、穷游打造内容交易闭环，猫途鹰由内容引流实现变现

随着“说走就走”的年轻消费者大批进入旅游市场，自由行时代到来。2019 年 8 月 1 日，中国旅游研究院、携程旅游大数据联合实验室联合发布的《2018—2019 年出境“新跟团游”大数据报告》显示，在出游方式方面，2018 年通过团队形式进行出境旅游的游客比例达 55.24%，自由行游客比例达 54.76%[②]。攻略类电商迎来发展机遇。一直在攻略类电商赛道上探索的马蜂窝、穷游和猫途鹰在降低自由行难度的方向上为攻略类电商探索出内容变现的两个模式：一种是凭借内容获取流量赚取广告收入的商业模式；另一种则是实现由游记、攻略到旅游产品的跳转，通过赚取平台佣金实现变现。

马蜂窝通过数据结构化实现内容到交易的转化。将对用户来说无法抉择的庞大的信息进行数据化处理，以此为基础收集用户浏览等行为习惯，并利用人工智能技术根据其浏览行为精准匹配对应产品，使得用户消费决策得到了更加精准的信息支撑，并且打通了用户从收集资料、做出决策、购买产品的一系列环节，提高用户从内容浏览到达成交易的转化率。穷游在变现方面，与马蜂窝有类似的思考，在此期间提出了提高转化率的“漏斗模型”，思考在自身流量和电商之间通过内容付费实现变现[③]。

猫途鹰作为 TripAdvisor 的中国版，与马蜂窝、穷游在提供内容方面有所区别，猫途鹰对远途、小众探索性的全球目的地有着较深较广的内容积累，在变现方面，猫途鹰通过提供目的地酒店的比价预订，除了自己平台外，还链接携程、Agoda（安可达）和酒店官网第三方预订平台，一定方面地以内容流量给携程引流，实现变现[④]。

在移动互联网的红利期，在路上、面包旅行等旅游攻略社区发展良好，但随着消费升级，信息爆炸时代来临，蝉游记融资失败，在路上宣布破产，面包旅行转型发展。在自由行来临时期，攻略类电商发展机遇被起步更早的马蜂窝、穷游网和猫途鹰抓住了，它们在探索内容变现的路上继续前进。

---

① 颠覆与创新‖旅游内容社区创业那些事［EB/OL］.［2016-08-16］. https：//mp.weixin.qq.com / s/5l25BFvPUhc0rckl_T8j bw.

② 2018—2019 年出境“新跟团游”大数据报告［EB/OL］.［2019-08-05］. http：//www.199it.com/archives/917842.html.

③ 郭鸿云 . 旅游内容社区如何在多元化、碎片化用户需求中找准自己的定位？［EB/OL］.［2018-04-16］. https：//cj.sina.com.cn/articles/view/6192937794/17120bb4202000e125.

④ 产品分析：旅游点评平台猫途鹰［EB/OL］.［2020-12-03］. http：//www.woshipm.com/evaluating/4282459.html.

第二节　猫途鹰

一、企业简介

猫途鹰是全球知名的旅游平台 TripAdvisor 的中国版本。TripAdvisor 于 2000 年创立。在创立之初，TripAdvisor 主要是用来展示旅游报纸、杂志、指南等官方内容的，但特意添加的“添加您的点评”功能大受欢迎，由此 TripAdvisor 真正开始成为旅行信息和点评 UGC 平台。2009 年 4 月，TripAdvisor 正式发布中文官网到到网，为中国旅行者提供本土化信息、评价、推荐以及综合性的旅游咨询。2015 年，TripAdvisor 在中国发布全新中文品牌名“猫途鹰”，并宣布了一系列战略举措，向中国出境游市场发力，陆续推出为中国游客量身打造的旅游产品及服务，致力于解决中国游客在出境游中遇到的语言、习俗等障碍，为游客提供更好的出境游体验。

图 4-1　猫途鹰 logo

猫途鹰及其旗下的网站组成了最具规模的旅游社区，宗旨是在为旅行者规划、预订旅游行程的基础上，为其提供优质的旅游体验。更具体地来说，猫途鹰的愿景是集中自身具有的全球化的资源和智慧，为中国旅行者展示全球各个目的地的真实情况，为旅游者提供极具参考价值的实用的出境游建议，并为其规划预订行程，为中国旅行者提供新的视野看世界，提供优质的服务走世界。

猫途鹰有着强大的合作关系网络，与国内外各大旅游预订网站均有密切合作。目前猫途鹰在中国的合作伙伴包括：携程（Ctrip）、艺龙（eLong）、同程、Booking.com（缤客）、Agoda.com（安可达）、HRS.cn（Hotel Reservation Service，酒店预订服务网站）及希尔顿（Hilton）、万豪（Marriott）、香格里拉（Shangri-la）、洲际（IHG，Inter Continental Hotels Group PLC）、港中旅维景（HKCTS）、格林豪泰（Greentree）等[①]。建立在强大的合作关系网之上的是强大的智能比价功能，用户

① 猫途鹰旅游网［EB/OL］.［2019-03-09］. https：//www.maigoo.com/brand/ 46532 .htm.

在猫途鹰不仅可以根据地理位置等基础信息搜索全球酒店信息，还可以查询一家酒店在不同平台的价格、房态信息等，从而做出更有利于自身的选择。

在发展与探索中，猫途鹰收录了世界各地的海量旅行信息，包括超过 5.35 亿条旅游点评及建议、100 多万张用户照片、覆盖全球 190 多个国家超过 700 万处酒店、景点和餐厅。除此之外，猫途鹰每月帮助 4.9 亿旅行者获得旅行中的精彩体验；为来自全球的旅行者提供超过 830 万个住宿、餐厅、景点玩乐、航空公司、邮轮信息以及超过 7.6 亿条点评和建议；无论是计划旅行还是旅行途中，都可以为旅行者提供酒店、航班和邮轮的更低价格，预订热门景点和玩乐体验，以及预订餐厅的服务①。猫途鹰已成为一个大型的在线旅行数据平台。

二、2019 年企业财报分析

猫途鹰在不断变化的 OTA 格局中寻求合理的经营方法。猫途鹰 2019 年全年收入同比下降 3%，达 15.6 亿美元，第四季度收入同比下降 3%，达 3.35 亿美元，略高于预期；第四季度净收入同比增长 114%，全年净收入同比增长 12%；第四季度摊薄后每股收益同比增长 120%，具体财报如表 4-1：

表 4-1　2019 年猫途鹰资产负债表（数据来源：英为财情）

单位：百万美元	至 2019-12-31	至 2019-09-30	至 2019-06-30	至 2019-03-31
流动资产合计	533	1181	1271	1082
现金和短期投资	319	933	966	811
现金	–	–	–	–
现金和现金等价物	319	838	901	771
短期投资	–	95	65	40
净应收款合计	183	218	270	236
净交易应收款合计	183	218	270	236
库存合计	–	–	–	–
预付费用	31	30	35	35
其他流动资产合计	–	–	–	–
总资产	1984	2468	2566	2395
物业 / 厂房 / 设备净总额	344	341	337	330
物业 / 厂房 / 设备总额	663	637	612	509
累计折旧合计	–319	–296	–275	–252
商誉净额	840	746	754	754

① 猫途鹰网站［EB/OL］.［2019-08-17］. http：//www.wwiki.cn/wiki/200767.htm.

续表

单位：百万美元	至 2019-12-31	至 2019-09-30	至 2019-06-30	至 2019-03-31
无形资产净额	110	92	102	109
长期投资	55	–	–	–
长期应收票据	–	–	–	–
其他长期资产合计	102	108	102	120
其他资产合计	–	–	–	–
总流动负债	435	468	638	530
应付账款	170	212	359	274
应付 / 应计	–	–	–	–
应计费用	175	179	176	150
应付票据 / 短期债务	–	–	–	–
长期负债当前应收部分 / 资本租赁	14	5	5	5
其他流动负债合计	76	72	98	101
总负债	823	820	991	888
长期债务合计	78	79	80	82
长期债务	–	–	–	–
资本租赁债务	78	79	80	82
递延所得税	8	8	12	22
少数股东权益	–	–	–	–
其他负债合计	302	265	261	254
总权益	1161	1648	1575	1507
可赎回优先股合计	–	–	–	–
不可赎回优先股净额	–	–	–	–
普通股合计	–	–	–	–
资本公积	1150	1114	1081	1046
保留盈余（累计亏损）	681	1156	1106	1072
普通库存股	–607	–547	–547	–547
员工持股计划债务担保	–	–	–	–
未实现收益（亏损）	–	–	–	–
其他权益合计	–63	–75	–65	–64

续表

单位：百万美元	至 2019-12-31	至 2019-09-30	至 2019-06-30	至 2019-03-31
负债及股东权益总计	1984	2468	2566	2395
已发行普通股合计	137.38	139.36	139.27	139
已发行优先股合计	–	–	–	–

表 4–2　2019 年猫途鹰利润表（数据来源：英为财情）

单位：百万美元	至 2019-12-31	至 2019-09-30	至 2019-06-30	至 2019-03-31
总收入	335	428	422	376
收入	335	428	422	376
其他收入合计	–	–	–	–
收入成本合计	21	25	27	21
毛利	314	403	395	355
经营开支总额	312	360	356	345
销售 / 一般 / 管理 费用合计	257	303	299	293
研发	–	–	–	–
折旧 / 摊销	34	32	30	31
利息开支（收入）— 营运净额	–	–	–	–
例外开支（收入）	–	–	–	–
其他运营开支开支总额	–	–	–	–
营业收入	23	68	66	31
利息收入（开支）— 非营运净额	–2	5	2	2
出售资产收入（亏损）	–	–	–	–
其他净额	–4	–	–	–
税前净收益	21	73	68	33
备付所得税	5	23	34	7
税后净收益	16	50	34	26
少数股东权益	–	–	–	–
附属公司权益	–	–	–	–
美国公认会计准则调整	–	–	–	–

续表

单位：百万美元	至 2019-12-31	至 2019-09-30	至 2019-06-30	至 2019-03-31
计算特殊项目前的净收益	16	50	34	26
特殊项目合计	–	–	–	–
净收入	16	50	34	26
净收入调整总额	–	–	–	–
扣除特殊项目的普通收入	16	50	34	26
摊薄调整	–	–	–	–
摊薄净收入	16	50	34	26
摊薄加权平均股	141	140	140.81	141.27
扣除特殊项目的摊薄每股盈利	0.11	0.36	0.24	0.18
每股股利—普通股首次发行	–	–	–	–
摊薄每股标准盈利	0.11	0.36	0.24	0.18

三、2019 年企业大事记

2019 年 2 月：猫途鹰公布 2019 年“旅行者之选”最佳海滩榜单。

2019 年 3 月：猫途鹰公布了 2019 年“旅行者之选”全球最佳目的地榜单，旨在通过猫途鹰全球用户的分享揭示最受欢迎的目的地。

2019 年 4 月：猫途鹰公布了 2019 年“旅行者之选”全球航空公司榜单，揭晓了全球最受旅行者喜爱的航空运营商。

2019 年 5 月：猫途鹰公布了 2019 年中国游客暑期出境游的 10 大热门目的地及当地酒店的价格趋势。

2019 年 7 月：猫途鹰公布了 2019 年“旅行者之选”全球最佳游乐园和水上乐园榜单。

2019 年 9 月：猫途鹰首次发布了“点评透明度报告”，该报告分析了来自全球的全年点评数据，提供了被拦截及删除的点评内容占比，公布了点评内容审核过程中从未公布的细节，并发布了 2018 年试图在该平台发布虚假点评的统计数据。

2019 年 10 月：猫途鹰宣布将不再为任何以圈养鲸类动物（包括鲸鱼和海豚）并进行其后代繁育的景点商户提供售票服务或从中盈利。

2019 年 10 月：猫途鹰公布了 2019 年“旅行者之选”全球餐厅榜单。入选餐厅的标准是基于一整年内来自猫途鹰的点评以及全球食客给予的评分和赞誉。

2019 年 11 月：猫途鹰宣布与携程集团达成战略合作，以打造中国顶级的旅行计划和预订网站，为渴望探索世界的中国旅行者提供量身定制服务。

2019 年 11 月：猫途鹰推出了猫途鹰媒体管理平台，该自助式平台能够帮助中小型企业和代理商掌控其在猫途鹰上的跨平台广告营销活动。

2019 年 12 月：米其林指南与猫途鹰及其旗下品牌 TheFork 达成合作，整合双方资源，旨在为全球食客提供更丰富的高品质餐厅信息，获得更理想的用餐体验[①]。

四、战略剖析[②]

（一）产品用户群体精准匹配，深挖全球潜在游客

猫途鹰针对不同客户群体提供对应业务，主要包括个人消费者业务、代理商销售业务以及其他业务。在个人业务方面，猫途鹰提供全过程服务包括旅途计划、机票购买等服务；在代理商销售业务方面，猫途鹰为从大型 OTA 到小型派对策划的企业提供快速上线服务；在其他业务方面，猫途鹰主要着力于广告业务，猫途鹰作为目前全球规模第一的在线旅行点评平台，利用其可将广告精准投放给特定产品潜在消费者的功能获得了大量广告投放收入。

猫途鹰在面对不同群体推出相应产品的同时，还非常注重潜在游客的挖掘，亚洲作为欧美传统自由行目的地，平均每年吸引 32% 的欧美自由行游客前往。猫途鹰为挖掘全球潜在用户，扩大用户规模采取下列措施：直接与旅游供应商签订合同，改变目标客源地国家游客对目的地的偏见；改变拼团模式，将传统散客拼团模式改为小团模式，促使游客更加深入体会当地文化。

（二）深耕数据量化，多业态并行发展

猫途鹰不同于一般的比价网站，猫途鹰注重数据量化，有着较为先进的智能比价功能，猫途鹰通过功能强大的用户点评数据可以实现数据工程师对航班、酒店等的量化分析，从而使用户在猫途鹰不仅可以根据地理位置等基础信息搜索全球酒店信息，还可以查询一家酒店在不同平台的价格、房态信息等，从而做出更有利于自身的选择。

除了专注于数据量化，猫途鹰还试图跳出舒适圈，在做好基本的酒旅业务的同时，猫途鹰试图向酒店元搜索和即时预订转型。除此之外，还持续发布各类榜单报告，在与其风格相符的平台、APP 打广告、做推广，致力成为出境游方面的大众点评。

五、猫途鹰本土化解读[③]

猫途鹰是 TripAdvisor 入华产生的品牌，其本土化过程较为典型。从 2009 年 TripAdvisor 创办到到网至今，猫途鹰共经过三个阶段的本土化过程：TripAdvisor 入

---

① MediaRoom［EB/OL］.［2019-07-03］. https：//tripadvisor.mediaroom.com/CN-press-releases.

② 在线旅游（OTA）及旅游产业新模式深度研究［EB/OL］.［2019-06-18］. http：//www.199it.com/archives/893072.html.

③ 从到到网到猫途鹰，TripAdvisor 入华 10 年的得与失［EB/OL］.［2019-11-11］. https：//mp.weixin.qq.com/s/cEj8tK FuS7YW fn 1zRX2V8g.

华 1.0：到到网，TripAdvisor 入华 2.0：猫途鹰，TripAdvisor 入华 3.0：合资公司。

（一）TripAdvisor 入华 1.0：到到网

2009 年 4 月 TripAdvisor 正式发布中文官网到到网，旨在为中国旅行者提供便于中国用户的旅游信息、评论及旅游咨询。中国到到网团队独立于总部运营，希望实现本土化，但初期到到网的汉化只是语言方面的汉化。随着团队的探索，到到网抓住这一时期的发展重点是发展酒店点评和社区运营规模。到到网很敏锐地抓到这一中美差异，为了提升中国区的酒店点评数量，到到网雇用呼叫中心做外呼，把用户电话的评论内容转变成文字，甚至设立点评收集箱，之后把收集到的点评发布到网站上。一年之后，共收录了 4 万多家中国的酒店，同时包括 40 多万家全球酒店的信息，在中国的点评达到了 60 多万，全球为 3.5 亿。在扩大了内容规模后，到到网曾试图对内容进行变现，实现本土团队自给自足，但由于总部的发展理念是希望全球模式都从美国版本翻译，这与中国团队发展理念存在矛盾，到到网本土团队一无本土决策机制，二无较为有效和大额的期权激励机制，无法实现内容变现。

（二）TripAdvisor 入华 2.0：猫途鹰

在中国移动互联网发展空前热络的时期，到到网难以适应中国速度，自身发展的弱势也加速暴露。当时，TripAdvisor 总部在海外的营销主要以内容吸引免费流量，再转卖出去，赚取中间差价。而将这个营销模式引进中国，则面临着不小的挑战，在此背景下，TripAdvisor 决定做出改变：一是推出即时预订，二是宣布收购目的地玩乐预订平台 Viator。2015 年 6 月，TripAdvisor 的中文名变更为“猫途鹰”，并将推出特别为中国本土定制的、符合中国用户审美和使用习惯的中文 APP。猫途鹰中文 APP 的一大特色，就是推出站内商城，探索售卖境外目的地的一日游、门票等当地活动产品。

重新更名后的猫途鹰计划打造交易闭环，然而猫途鹰受限于总部的要求，无法配齐所需团队，对于供应链、产品和售前售后服务体系搭建并不完善。为解决供应体系搭建问题，猫途鹰与我趣旅行合作，我趣旅行为猫途鹰提供海外目的地碎片化产品的交易服务，同时负责将 Viator 的产品进行本土化，通过合作再提供给猫途鹰的客户。两者合作顺利，但由于猫途鹰对产品交易的重视程度不高，认为交易赚取的佣金太少，猫途鹰和我趣旅行的合作在 2017 年因猫途鹰战略调整而结束，内容变现模式最终还是回到广告模式。

（三）TripAdvisor 入华 3.0：合资公司

从 2017 年开始，猫途鹰开始寻求在中国进行产业合作。但由于猫途鹰自身不愿接受财务投资，与较多企业有价格争议，产业合作久久尚未谈妥。猫途鹰与携程的接触也是从这时候开始，携程要国际化，需要获得猫途鹰的内容和流量支持，而猫途鹰要生存，两者一拍即合。这次合作，被视为是 TripAdvisor 的第三次入华。

2019 年 11 月 7 日，携程集团和猫途鹰宣布达成战略合作，双方成立合资公司，携程将持有合资公司 60% 的股份，并以 3 亿美元入股猫途鹰，以获得一个董事席位和其全球内容授权。携程希望发力内容社区，提升用户黏性和活跃度，进而提高交易转化，猫途鹰拥有大量内容，却长期面临商业化难题，为 OTA 平台导流收取交易服务费和广告费仍是其主要商业模式，携程和猫途鹰成立合资公司是过去两年双方一直博弈的最优解。目前，猫途鹰在中国的竞争力有待提升，这是由于商业模式落后所导致的，携程和猫途鹰成立合资公司，给了猫途鹰中国业务方面极大的助力，为猫途鹰的本土化及实现内容变现提供强有力的支持。

第三节　马蜂窝

一、企业简介

马蜂窝旅游网是中国领先的自由行服务平台，由陈罡和吕刚创立于 2006 年。那时论坛风头极盛，天涯、虎扑广受欢迎，豆瓣、人人兴起，网民数量大幅增长，虚拟社区给网民带来极大的新鲜感，马蜂窝在此种背景下诞生。马蜂窝是旅游社交网站、数据驱动平台和新型旅游电商。马蜂窝所提供的点评信息均来自用户的真实分享，更有着每年帮助过亿的旅行者制订自由行方案的成就。马蜂窝更理解年轻人的偏好，让复杂的旅游决策、预订和体验变得简单、高效和便捷。

图 4-2　马蜂窝 logo

回顾马蜂窝过去十年，从 2010 年起开始进行公司化运营，启动了第一次自我进化，彻底从众多旅游垂直类论坛中脱颖而出，成为旅游 UGC 内容的行业标杆，公司化运营也从这一年开启[①]。2011 年 10 月，马蜂窝获得了今日资本 500 万美元投资及 200 万美元无息贷款，完成了 A 轮融资。而后，启明创投、高瓴资本、淡马锡等投资方接连入局。2015 年完成 C 轮融资，成为一家融合了内容服务、社区属性和交易功能的“在线旅游服务平台”，找到了以内容变现为核心的商业模式。2017 年 12 月，马蜂窝获得了 1.33 亿美元 D 轮融资，由鸥翎投资（Ocean Link）、美国泛大西洋资本集团（General Atlantic）、淡马锡、元钛长青基金、厚朴基金共同投资，今日资本、启明资本、高瓴资本继续跟投。2018 年，它将象征蚂蚁和蜜蜂的品牌名“蚂蜂窝”，改成了更易被大众记住的“马蜂窝”，为其带来了更大的品牌认知度。同

① 旅游社区的变革下，马蜂窝如何不断出击［EB/OL］.［2019-10-19］. https：//mp.weixin.qq.com/s/Ow_9DvrP S8SAMESy4ZJS vA.

年，世界杯激战正酣，“旅游之前，先上马蜂窝”这句广告语也传遍了中国的街头巷尾。2019 年 5 月 23 日，马蜂窝旅游网已完成 2.5 亿美元融资，由腾讯领投[①]。马蜂窝不断加快社区升级，组建了以兴趣为基础的社区新产品“蜂蜂圈”。马蜂窝以“自由行”为核心，提供全球超过 60 000 个旅游目的地的旅游攻略、旅游问答、旅游点评等资讯，以及酒店、交通、当地游等自由行产品及服务[②]，充分发挥了作为旅游社交网站、数据驱动平台、新型旅游电商应有的作用。

二、企业发展路径

2006 年 1 月：网站上线。

2010 年 3 月：正式成立公司投入运营，注册用户数 15 万。

2011 年 4 月：上线首款 APP 客户端旅行翻译官。

2011 年 10 月：获得资本 500 万美元 A 轮融资和 200 万美元无息贷款。

2012 年 6 月：开始商业化尝试，半年收入超千万，主要来自广告及佣金分成。

2012 年 10 月：注册用户数超过 400 万，PC 端（Personal Computer，私人电脑）用户数在 3 年内增长 40 倍；攻略累计下载量 6000 万次。

2013 年 4 月：获得启明创投领投的 1500 万美元 B 轮融资。

2014 年 6 月：注册会员数突破 5000 万。

2015 年 2 月：获得高瓴资本、Coatue（扣图）、CoBuilder（共建创投）、启明创投的 C 轮融资，累计融资逾亿美金。

2015 年 9 月：用户数达 1 亿，其中 80% 的用户来自移动端（马蜂窝自由行 APP）；月活跃用户数达 8000 万。

2017 年 11 月：获得 1.33 亿美元 D 轮融资，由鸥翎投资（Ocean Link）、美国泛大西洋资本集团（General Atlantic）、淡马锡（Temasek）、元钛长青基金、厚朴基金共同投资，参与前几轮投资的今日资本、启明资本、高瓴资本继续跟投。

2018 年 2 月：“蚂蜂窝旅行网”正式更名为“马蜂窝旅游网”，并启动新一轮品牌换新。

2019 年 5 月：马蜂窝旅游网已完成 2.5 亿美元融资，由腾讯领投，美国泛大西洋资本集团、启明资本、元钛长青基金、联创旗下 NM Strategic Focus Fund（NM 战略重点基金）、eGarden ventures（毅园投资）共同跟投[③]。

三、2019 年企业大事记

2019 年 1 月：马蜂窝旅游网联合火山小视频共同推出了“开年炅之旅”，帮助游客解锁新的旅游方式。

---

① 借道腾讯，马蜂窝寻路 IPO［EB/OL］.［2019-02-23］. https：//mp.weixin.qq.com/s/TrLiZHsLzTjOYriRPRwtw.

② 马蜂窝［EB/OL］.［2019-05-23］. https：//baike.so.com/doc/10042819-28790708.html.

③ 马蜂窝［EB/OL］.［2019-05-23］. https：//baike.so.com/doc/10042819-28790708.html.

2019 年 3 月：马蜂窝内容安全等级升级导致部分用户游记无法显示。

2019 年 4 月：工信部网站发布了马蜂窝（北京马蜂窝网络科技有限公司）被三部门约谈的消息，对其网站和移动应用商店违反《互联网信息服务管理办法》规定、违反“九不准”内容、没有尽到审查义务并立即停止传输一事进行严厉批评，提出立即整改要求。

2019 年 5 月：马蜂窝旅游网已完成 2.5 亿美元融资，由腾讯领投，美国泛大西洋资本集团、启明资本、元钛长青基金、联创旗下 NM Strategic Focus Fund、eGarden ventures 共同跟投。

2019 年 5 月：马蜂窝上线全新自驾游频道后，联合全球 12 个自驾游目的地共同发布了 12 条 2019 年官方推荐自驾线路，为自驾人群构建了“内容 + 交易”一体化的闭环式消费场景。

2019 年 6 月：马蜂窝旅游网上线全新签证产品“便利签”，在业内首次实现签证产品结构化，创新搭建 POC（Point Of Country，国家点）分类聚合页面，基于大数据技术，按照目的地、签证类型、签证套餐等维度，对复杂的签证信息与库存分类整理，帮助消费者快速找到适合自己的签证产品。据悉，这一功能目前已为全球 120 多个国家和地区的签证办理提供服务。

2019 年 6 月：马蜂窝特约之 2019 自由行业务研讨会在京举行。

2019 年 6 月：马蜂窝与中华恐龙园达成战略合作，并推出“蜂巢 POI（Point of Interest，兴趣点）管理系统”，通过赋予景区与目的地自主运营线上资产的能力，提高网络营销获客的效率与效果，中华恐龙园为该系统上线运营的首家合作企业。

2019 年 7 月：2019 年（上）全国 OTA 电商 TOP10 消费评级榜显示，马蜂窝等获“不建议下单”评级。

2019 年 8 月：马蜂窝与重庆客轮有限公司达成战略合作，共同推出了重庆两江游专属微信小程序，将这一新兴旅游项目通过线上平台为广大消费者种草。游客可通过小程序完成查看演出信息、浏览沿途景点介绍、船上消费便捷支付、即时互动等全场景需求，马蜂窝则基于小程序完成了 B 端的连接和 C 端的服务。

2019 年 9 月：中国旅游研究院与马蜂窝旅游网共同成立的“自由行大数据”联合实验室发布了《一带一路：中国出境自由行大数据报告 2019》。

2019 年 9 月：马蜂窝旅游网发布了全新升级的足迹功能 2.0 版本，并基于对上亿用户旅行数据的分析，推出《2019 全球旅行足迹报告》，分析并解读了中国旅行者点亮全球足迹背后的需求特征与行为偏好。

2019 年 9 月：由山东省文化和旅游厅与马蜂窝旅游网共同主办的“连接 • 共生 • 新文旅——2019 马蜂窝文旅中国行山东站”在台儿庄古城成功举办。

2019 年 10 月：马蜂窝旅游网发起了一项名为“点亮全球计划”的大型线上活动，号召中国游客在旅行途中，通过马蜂窝 APP 打卡点亮自己所在的目的地，并完成一项文明旅游宣誓。马蜂窝点亮全球计划 2019 发布会，宣布共计 1 323 893 位中国旅行者，在全球 172 个国家和地区、2 397 座城市点亮了自己的足迹，成功创造

“单一文明行为活动收到的最多誓言”这一吉尼斯世界纪录称号。

2019年10月：在中国旅行社协会2019行业榜单中，马蜂窝旅游网荣获在线旅行服务商10强。

2019年12月：马蜂窝旅游网在北京举行2019新旅游电商大会，与来自全球的800多位优质旅游商家，分享了过去一年马蜂窝在“内容+交易”赛道上的新玩法和新成绩。

2019年12月：马蜂窝举办旅游行业年度盛会地球发现者大会，全球旅游局、景区、航空公司、邮轮公司、酒店集团及品牌企业高层都齐聚一堂，共同探讨旅游行业发展战略，探索旅行营销新玩法。

四、战略剖析

（一）借“短内容”输血“内容+交易”商业模式

2019年初，马蜂窝联合创始人、CEO陈罡提出了用户（Consumer）、内容（Content）和商业化（Commercialization），三个要素形成闭环即新旅游“3C”战略。这一战略展示了马蜂窝“内容+交易”模式的运行原理。在众多在线旅游公司中，携程本质是OTA，飞猪美团依靠强大的流量优势跨界抢占机酒及度假业务。马蜂窝作为攻略类在线电商，依靠所拥有的海量内容打造交易闭环，也是独具特色。与其他在线电商相比，马蜂窝的独特价值在于可以准确摸清用户需求并对其进行供给高效匹配。

捋顺发展思路的马蜂窝，持续向“内容+交易”领域发力。马蜂窝的目标是打造凭借内容，留住用户，并进一步为交易引流的商业模式。在2019年初，马蜂窝宣布加快短内容布局，对旅游笔记、旅游短视频等短内容产品形态做了调整。同时，马蜂窝使用大数据及营销手段，打通短内容与交易的闭环。马蜂窝为增加内容多元化及丰富度，为“内容+交易”模式提升转速，一方面选择与目的地旅游局、景区等官方机构合作。另一方面，马蜂窝引入超过50位演艺人士，通过演艺人士持续发布不同领域和不同旅游偏好的短视频，在一些个性化旅游内容上给到用户不一样的视角。除此之外，马蜂窝也将平台商家纳入内容生产体系。马蜂窝在面向平台商家的“马蜂窝大学”中，开设了短视频教学课程，进行从内容选题到拍摄手法再到剪辑方式等系列培训[①]。

（二）攻略即服务，打造全景营销图谱

“攻略”是马蜂窝吸引用户的核心，随着马蜂窝对攻略的内涵、意义有了更加深入的解读与扩展，马蜂窝提出以拥有的海量内容为基础，以“攻略即服务”为理念，构建“种拔一体”决策闭环，打造覆盖内容营销、IP（Intellectual Property，知识产权）营销与数字营销的全景营销图谱。为实现上述目标，马蜂窝为旅游目

---

① 马蜂窝借“短内容”输血“内容+交易”商业模式［EB/OL］.［2019-12-05］. https：//mp.weixin.qq.com/s/qFCfXfQLZa7NQs_ue KVY2Q.

的地、景区、航司、邮轮等不同行业，提出了细分商业场景解决方案，还以春节、十一等节假日为主题与合作伙伴共同打造爆款 IP 营销项目。与此同时，马蜂窝还推出了面向营销行业的“金触角”奖项，旨在鼓励更多品牌与旅游实现跨界合作，助力旅游营销行业的创新与发展[①]。马蜂窝对攻略的理解不仅仅是一类文体、一种内容，POI、大数据为用户提供的服务，皆为攻略的服务。依托攻略构建与产品、数据、创意、IP 相结合的营销服务体系，是马蜂窝未来的战略重点。

（三）深耕多元兴趣圈层，众创攻略服务生态

近年来，马蜂窝利用自身对圈层的深入理解，基于旅游兴趣延伸的多元圈层开展了一系列探索和实践活动，基于变化的场景、不同的圈层打造内容生态。2019 年，马蜂窝面对不同圈层，总结其特点，并据此开展了更为深入的营销尝试。

马蜂窝针对自驾游圈层上线全新自驾游频道，利用自身拥有的丰富的自驾游目的地资源发布 12 条官方推荐自驾游线路；针对旅行亲子圈层，马蜂窝与目的地旅游局合作打造“我要的暑假作业”亲子活动，塑造亲子游特色品牌；除此之外，马蜂窝针对旅游目的地、邮轮等不同行业的广告，分别提供了众多针对性的营销解决方案，助力合作伙伴深入旅游圈层，在优质品牌与用户间建立联系，传递品牌价值。总之，马蜂窝从用户的旅行偏好出发，用真实、高效、有用的信息完成决策需求的满足，更用有趣、新奇、动人的内容完成发现需求的满足，针对不同的旅行场景进行深度运营，为用户提供更多服务，也为品牌运营者提供更多营销机会，更为实现用户从“找内容”到“逛内容”的行为路径转变，以及完成从“人找内容”到“内容找人”的升级打下了基础。[②]。

（四）持续深耕，全面升级用户体验

马蜂窝一直以来对供应链端的高度重视以及对用户体验的精细化运营为自身的高速发展奠定了基础。2019 年，马蜂窝在这两方面的动作仍然没有停止。

在供应链资源端，马蜂窝整合优质目的地资源，与众多合作伙伴合作，将线下推广、线上营销形成合力。马蜂窝鼓励合作伙伴以目的地为核心，深度整合资源，形成目的地专家品牌，为用户提供更专业的目的地服务。除此之外，马蜂窝还联合 10 家景区试点“蜂巢智能营销体系”可以通过该体系对线上的内容进行展示和发布并对 POI 进行管理和智能化运营，将马蜂窝站内的营销能力，集中输出给合作伙伴，从而连接更多品类资源。

在用户体验升级方面，马蜂窝利用积累的用户的所在地、兴趣点、消费习惯等综合数据，实现用户需求精准匹配，完成了从“人找货”到“货找人”的转化，帮助用户更快速地找到所需的产品，大大提升了用户的消费决策效率。同时，马蜂窝持续运营和优化金卡会员营销体系，2019 年会员开卡量增长 35 万张，会员复购率

① 马蜂窝发布“攻略+”营销战略 用众创内容打通兴趣圈层［EB/OL］.［2019-12-13］. https：//mp.weixin.qq.com/s/B4b zFfJTb Aaq BNVrGJivCw.

② 马蜂窝“攻略 +”营销，品牌“入圈”新通路［EB/OL］.［2019-12-13］. https：//mp.weixin.qq.com/s/TJ2RbJqDEiiyn681RJ2mOQ.

和平均客单价均有大幅提升[①]。

第四节　穷游

一、企业简介

穷游网由肖异于 2004 年创立，至今已经发展为国内领先的出境旅行服务平台。穷游网为用户提供原创实用的出境游旅行指南、攻略、旅行社区和问答交流平台，以及智能的旅行规划解决方案，同时提供签证、保险、机票、酒店预订、租车等在线增值服务[②]。

图 4-3　穷游 logo

穷游作为全球旅行生活分享平台，拥有近亿的用户及活跃的社群氛围，正成为与用户沟通中最直接快速的桥梁。穷游通过美照、声音胶囊、短视频等方式鼓励用户展现乡村景观的魅力，同时吸引更多对乡村景观充满向往的游客成为用户。此外，穷游拥有智能化行程规划工具“行程助手”，通过对 2600 多万的用户真实行程的分析，能最准确地获取用户的喜好和需求，并在此基础上，通过社群传播的力量和智能化工具的使用，在获取用户需求同时，还可以帮助供给侧最有效、最精准地触达乡村旅游的目标客户群[③]。

穷游也在不断探索文化与旅游的深度融合模式。通过深度挖掘“中国美”，打造文旅融合匠心产品。穷游邀请人文、博物等领域的资深专家，开展“City Walk 城市漫步”项目，融合当地特色推出的半日、一日游，让旅游者能直接体验到当地文化的精髓。目前在全国已覆盖 18 个城市，共有 42 条线路。除此之外，穷游开发线下空间 Q-Home，在为旅游者提供基础服务的同时，连接目的地文化与旅行者，整

① 马蜂窝举行 2019 新旅游电商大会，与产业链携手共享攻略红利［EB/OL］．［2019-12-20］．https://mp.weixin. qq.com/ s/d 9pkGP b25ljPbmZd0PnX1Q.

② 穷游网［EB/OL］．［2019-10-21］．https：//baike.so.com/doc/5380652-5616926.html.

③ 蔡景晖．以社群力量推动“乡村景观”保护和发展［EB/OL］.［2019-04-19］. https：//mp.weixin.qq.com/s/fX1b7cbE0j8D0JZsEt4DWg.

合符合当地文化的特色产品，帮助更多旅行者深入了解目的地文化①。穷游一直在以自身的方式鼓励和帮助中国旅行者以自己的视角和方式体验世界。

二、企业发展路径

2004 年 2 月：穷游网在德国汉堡市的中国留学生宿舍诞生，最初网站名称为“穷游欧洲”，内容主要涉及欧洲自助游，用户多为欧洲华人及留学生。

2006 年 2 月：“穷游欧洲”改名为“穷游网”，加入了其他各大洲的自助游内容。旅游信息量覆盖了全球，开始受到中国大陆旅游爱好者的关注。

2007 年 11 月：穷游网由德国汉堡迁回北京，北京穷游天下科技发展有限公司正式成立。

2009 年 12 月：穷游网推出免费的、国人原创的中文电子旅行指南书《穷游锦囊》。

2011 年 12 月：穷游网获得挚信资本数百万美元 A 轮融资。

2012 年 3 月：穷游网启用全新域名，正式开始规模化商业运作。

2012 年 5 月：穷游网和穷游锦囊两款 APP 首次上线。

2013 年 1 月：穷游网推出核心工具产品“行程助手”，旨在帮助出境游用户更便捷地 DIY 旅行计划。

2013 年 3 月：穷游网推出汇集了自由行产品的电商平台“穷游折扣”，后更名为“最世界，自由行”。

2013 年 5 月：穷游网与国际航班搜索网站“天巡”建立合作伙伴关系，共建“穷游机票频道”。

2013 年 6 月：穷游网推出“最世界，自由行电商 APP”，方便用户手机购买自由行折扣产品。

2013 年 9 月：穷游网完成阿里巴巴领投，挚信资本跟投的千万美元 B 轮融资。

2014 年 3 月：穷游网推出旅行生活美学品牌“穷游生活实验室 Q-Lab”，打造穷游文化周边产品。

2014 年 5 月：穷游网基于全部 PC 端的内容整合移动应用，升级了穷游 APP，涵盖目的地、社区、锦囊、折扣等众多功能。

2014 年 6 月：穷游网与短租鼻祖 Airbnb 达成独家战略合作。

2014 年 10 月：穷游网十周年，在全国多地举办庆典活动。

2014 年 11 月：穷游网与创新科技企业 Uber 达成海外战略合作，与穷游核心产品行程助手完成 API（Application Programming Interface，应用程序接口）接口对接，解决海外游交通痛点。

2015 年 3 月：穷游网推出“行程助手”移动端 APP，帮助用户快速制订旅行

① 崔莉．深耕中国美 挖掘目的地深度体验［EB/OL］．［2019-03-08］．https：//mp.weixin.qq.com/s/Wz6eeofsSx-ZyuEYkmdpfg.

行程。

2015 年 8 月：穷游网首家 Q-Home（穷游海外之家）在清迈成立，定位为海外旅行综合体，集旅行咨询中心、旅行社、穷游 er（穷游粉丝）海外据点、文化交流平台等功能于一身。

2015 年 11 月：新版穷游锦囊 APP 上线，设计更优化，涵盖目的地更广泛。

2016 年 1 月：穷游网携手 DJI（大疆创新科技有限公司）共同推出首部专门针对无人机用户旅行航拍的中文指导手册。

2016 年 1 月：穷游网完成众信领投，挚信资本跟投的近 6000 万美元的 D 轮融资，市值估计达到 30 亿美元。

2016 年 4 月：北京边检正式入驻穷游社区，在线解答签证疑问。

2016 年 5 月：穷游网发布旗下新品牌 JNE（原穷游生活实验室 Q-Lab），源自口号 Journey Never Ends（旅行永远不会结束），布局生活方式领域。同时，启动线下空间 JNE Gallery，融合旅行图书馆、咖啡馆、沙龙分享会、美术展览等多种服务。

2016 年 5 月：穷游网与法国巴黎机场和巴黎大区旅游局签署合作协议，在巴黎推广中文旅行指南《穷游锦囊——巴黎》手册，帮助中国游客深度畅游巴黎。

2016 年 6 月：穷游网在泰国清迈 Q-Home 开设厨艺学校 Q-School（穷游厨艺学院）。

2016 年 8 月：穷游网日本京都 Q-Home 开业，提供全方位的“一站式体验”，涵盖信息咨询、预订、行程规划、文化活动体验以及穷游特色 City Walk（城市漫步）线路售卖等多种服务。

2016 年 11 月：穷游网与米其林指南签署战略合作协议。

2016 年 12 月：穷游锦囊 2016 旅行榜单出炉。

2017 年 3 月：穷游网举办“2017 穷游平台商家年会”，全球 200 多家出境游自由行产品供应商代表参加了此次盛会。

2017 年 5 月：穷游网与欧洲铁路公司签订商业合作协议，成为欧铁 GSA（全球一级代理商）。

2017 年 6 月：穷游网主办，并联合世界自然基金会（WWF）、国际野生物贸易研究组织（TRAFFIC）、森林管理委员会（FSC）宣布成立“负责任旅行联盟”。同时推出《负责任的旅行》指南。

2017 年 7 月：穷游网与微信达成战略合作，联合发布了穷游智能攻略小程序，实时推荐游玩线路，帮助中国游客提升境外旅行体验。

2018 年 5 月：穷游网在京举办发布会，宣布携手奇遇远方工作室联合出品了《奇遇》原创旅行短视频，通过 30 集 3~5 分钟的人物故事，反映出一个城市的灵魂和气质。与艾美奖获得者知名纪录片导演赵琦的合作，让这个系列的视频影片质感突出，人文气息极为浓厚，带给旅行者生动的旅行灵感[①]。

三、2019 年大事记

2019 年 4 月：德国国家旅游局在京举办 2019 媒体发布会，与穷游网正式达成战略合作关系，将以“对德国上瘾”为主题，共同强化德国文化旅游产品发展，打造德国旅游胜地 IP。

2019 年 5 月：“2019 IAI（IAI Design Award，IAI 设计奖）国际创享节暨第 19 届 IAI 国际广告奖颁奖盛典”在京举行。得益于对品牌方特质的洞察及优质内容的积淀，穷游网打造的多个营销项目受到行业认可，荣获多项大奖。

2019 年 5 月：由穷游网携手全球最大旅游交易平台 ITB China 共同推出的 2019“最世界”全球旅行榜单如期而至。作为中国最具权威性与先锋性的旅行榜单，自 2018 年成功推出后“最世界”榜单已成为引领行业潮流的旅游行业风向标。

2019 年 9 月：世界旅游联盟（WTA，World Tourism Alliance）2019 年年会在杭州举行。年会期间，世界旅游联盟副主席公布理事会通过的新会员名单，穷游网正式加入世界旅游联盟。

2019 年 9 月：阿塞拜疆旅游局与携程旅行网及穷游网分别签署谅解备忘录，正式建立了战略合作关系。

2019 年 9 月：国内知名手机厂商小米公司召开小米 5G 新品发布会，推出了小米 9Pro 5G、MIX Alphal 等一系列新品，其中小米新一代 MIUI 11 系统备受瞩目。穷游网作为小米的重要生态伙伴亮相发布会，以穷游锦囊、旅游资讯等优质内容助力 MIUI 11 系统打造“智能出行助手”。

2019 年 12 月：穷游颁布了“2019 穷游 TOP50 年度旅行者”榜单，并发布“穷游 2020 先锋计划”，旅行内容生态布局再升级。同时，穷游网与赫兹租车、卡塔尔国家旅游委员会、荣耀手机就旅游内容及达人领域的深度合作，正式签署战略合作谅解备忘录。

四、战略剖析与企业解读

（一）“内容 + 营销”“内容 + 交易”实现商业变现

穷游一直凭借内容发展，在十几年的发展中，穷游打造了“穷游锦囊”、攻略社区、问答等多种产品，积累了丰富的内容土壤，并积极探索利用自身拥有的资源实现变现。2018 年，穷游开始涉足短视频领域，跳出传统 UGC 内容创作的框架，推出《奇遇》短视频，通过讲述目的地当地人的生活故事传递旅行内容。这次“内容 + 营销”的尝试极为成功，视频全集播放完后，引起极高的共鸣，全网播放量就已经突破 3000 万。在此之后，穷游继续向短视频领域发力，希望从短视频领域找

① 穷游再谋UGC流量变现［EB/OL］.［2018-12-06］. http：//www. ctcnn.co m/html /2018-12-06/19564217. html#PPN=ot.

到内容到交易的契合点。

2018 年年底，穷游发布了碎片化的旅行兴趣社交产品 Biu ！。该产品的发布改变了之前穷游只可发布图文内容的现状，该产品为用户增加了分享视频及美颜功能，受到用户的认可。2019 年，穷游对这款产品进行了全面升级，穷游一改以往帖子逻辑化、作者化的风格，鼓励用户通过碎片化的内容形式分享感受并降低内容分享门槛，简化参与方式，使得更为年轻的用户进入穷游。自 Biu ！推出以来，总计已产出超过 1000 万条内容。通过业务数据来看，通过 Biu ！跳转预订酒店，转化率超 6%，远超行业平均水平。这类符合年轻人使用习惯的产品为穷游带来了大量的活跃用户，一年时间，用户发布了超过 1000 万条图文音视频，穷游 APP 的日活翻了四倍。穷游试水“内容 + 营销”“内容 + 交易”实现商业变现取得成功。

（二）赋能达人，开启内容营销新模式

一直以来，达人为平台提供了极大比例的高质量内容，这类高质量内容为穷游引入更多的用户，也为穷游“内容 + 营销”和“内容 + 交易”的实现提供了支持。为保持达人黏性，穷游从流量、运营和商业三端发力，赋能达人：流量方面，穷游将提供站内流量支持，为达人提供更多的曝光展示机会；在运营方面，穷游为达人提供更多的体验机会并深度运营一些知名 IP 项目；在商业方面，穷游通过整合营销和创新，连接达人与品牌，提升品牌在旅游行业及用户中的影响力，并帮助达人实现内容变现。

从 2016 年开始，穷游开放广告商业化方式，广告营销是公司主要收入来源之一，而 2019 年穷游基于平台达人优势，在商业化方面的探索主要集中于“达人卖货”这一内容营销新模式。穷游凭借丰富的旅游达人资源与有强烈内容营销需求的飞猪合作，通过根据销售额进行抽成、达人和商家进行品牌合作、商家根据达人的特性定制产品等模式联手创造可对接双方需求的平台。在此种合作模式中，提高了达人议价权，也为商家提供了准确的内容营销方式，穷游从交易中抽成，获取利益，一举三得。据统计可知，2019 年双 11 期间，穷游和飞猪达人带货总 GMV（Gross Merchandise Volume，网站成交总额）占比超过 14%，其中 23 位穷游头部达人获得超百万收入。穷游达人的打造、赋能以及“达人带货”模式创建，将为穷游日后的收益增长提供强大动力。

（三）国际化战略

穷游一直致力于利用多年在数据及行程规划的积累帮助中国旅行者更好地看世界。为更好地服务中国用户乃至全世界用户，穷游从产品及内容两个方面思考穷游的国际化。在产品方面，一次旅行需要的就是机票、酒店、交通，这些需求国际国内基本相同。但在内容方面，因为文化和思维的差异，要做到连接国际与国内，直接的复制与翻译是行不通的。汉化版的旅行指南，是以外国视角观察的，不适用于中国，同样中国版的产品翻译版也不适用于国际。为了探索穷游国际化，穷游选择与自身有相同的品牌调性，都专注于优质的旅行内容的 LUXE City Guides（Luxe 城市指南）合作。据了解，LUXE City Guides 自 2014 年起已与多家世界顶尖的旅游品牌和旅游运营商达成战略合作，包括半岛酒店集团、香港旅游发展局、洲际酒店集团等。通过与 LUXE City Guides 的深入合作，穷游将来也可以最大化地整合目的地资源，进一步完善目的地商业布局。从为中国人服务，到为全球服务，穷游在打开更大的市场，盈利空间也在大大扩展[①]。

① 亏损 8 年后，穷游开始盈利，春天要来了？[EB/OL] . [2019-12-20] . https://mp.wei xin.qq.com/s/attFNWywtLPARJrkZ_wuVQ.

第五章
在线旅游服务新模式

第一节　2019 年在线旅游服务新模式发展概述

在线旅游服务行业的 20 年，见证了不同模式的企业在这个市场中的变革。无论是传统 OTA 的“价格战”，还是互联网电商企业的切入，流量红利始终是影响在线旅游服务企业的重要因素，牵引着行业的发展脉络。

在传统 OTA 之外，大型互联网电商企业始终在寻求进入在线旅游服务市场的切口，BAT 三巨头——百度、阿里巴巴、腾讯——不断尝试着用资本、技术和流量为在线旅游服务行业赋能，京东、美团点评、拼多多等电商企业也在探索进入这一市场的有效模式。

经过多年的实践摸索，阿里巴巴旗下在线旅游服务平台飞猪旅行和美团点评相对成功地探索出不同于传统 OTA 的特色鲜明的在线旅游服务新模式。

飞猪通过两次改名不断升级战略之后，明确以年轻消费者为服务对象，通过国际化发展的战略定位不断开发出境游新方式。在阿里大生态的支持下，飞猪将通过开发平台优势、以科技赋能旅游商家推动行业升级。美团点评对在线旅游服务行业的探索侧重于旅游目的地生活化场景的搭建，从酒店业务入手，美团酒店在 2019 年第一季度末为止的 12 个月中实现酒店间夜量超 3 亿的目标，这让美团成为“一年订出 3 亿间”的在线酒店预订平台，跻身全球 TOP3 在线平台。

2020 年初的新冠肺炎疫情对在线旅游服务行业甚至是整个旅游行业都带来了沉重的打击，大大小小的旅游服务企业在这场疫情中纷纷破产倒闭，头部 OTA 们也只能依靠前期蓄积的资本来续命。可以说，疫情也是一场“重新洗牌”，飞猪、美团与 OTA 们的较量还在继续，在线旅游服务的新模式未来会何去何从，我们依然拭目以待。

第二节 飞猪——专注在线旅游交易平台

一、企业简介

飞猪旅行是阿里巴巴旗下的综合性旅游出行服务平台。飞猪整合数千家机票代理商、航空公司、旅行社、旅行代理商资源、直签酒店、客栈卖家等为广大旅游者提供特价机票、酒店预订、景点门票、度假产品等一站式旅游服务。

按照飞猪旅行自创立以来所升级的不同品牌，可知其发展历程主要包括三个阶段：入场阶段——淘宝旅行、探索阶段——阿里旅行·去啊、成长阶段——飞猪旅行。

（一）入场阶段——淘宝旅行

2010 年 5 月，作为互联网企业三巨头之一的阿里巴巴以淘宝网为依托，整合数千家火车票、飞机票代理商、航空公司、旅行社、旅行代理商资源，推出淘宝旅行平台，为旅游者提供国内机票、火车票 / 国际机票 / 酒店客栈 / 景点门票 / 国内国际度假旅游 / 签证（通行证）/ 旅游卡券 / 租车 / 邮轮等旅游产品的信息搜索、购买、售后服务的一站式解决方案①。正式拉开阿里巴巴进军中国在线旅游市场的帷幕。这一阶段，主要通过资本运作的方式向在线旅游市场渗透，如在 2013 年 7 月战略投资穷游网，2014 年 3 月入股百程旅行，2014 年 9 月投资酒店信息服务商北京中长石基信息技术股份有限公司。

（二）探索阶段——阿里旅行·去啊

2014 年 10 月，淘宝旅行成为独立平台“阿里旅行·去啊”，聚焦在线旅游服务市场。在这一阶段，阿里开始尝试运用技术创新为在线旅游服务行业助力，提出“未来酒店”“未来景区”“未来飞行 +”等未来系列发展战略以及“万游引力”度假 IP 战略等，支付宝的交易、授信、信用等服务在“未来系列”中起着至关重要的作用。

（三）成长阶段——飞猪旅行

2016 年 10 月，阿里旅行升级为全新的飞猪旅行，英文名“Fliggy”，将目标客群锁定为互联网下成长起来的一代（80 后、90 后、00 后），结合阿里大生态优势，通过互联网手段，让消费者获得更自由、更具想象力的旅程，成为年轻人度假尤其是境外旅行服务的行业标杆②。飞猪是面向年轻消费者的休闲度假品牌，与面向企业差旅服务的阿里商旅一起构成阿里巴巴旗下的旅行业务单元。这一阶段，未来系列

① 环球旅讯 . 阿里将分拆旅行业务 拟推全新独立品牌 [EB/OL] . [2014-10-23] . https：//tech.163.com/14/1023/14/A98G3SH1000915BD.html.

② 环球旅讯 . 阿里旅行更名为飞猪，真的能飞起来？ [EB/OL] . [2016-10-28] . https：//www.sohu.com/a/117477909_118838.

的产品一一落地，新旅行联盟 1.0 和 2.0 的提出使飞猪对自身的定位和发展战略更加清晰和明确。

图 5-1 飞猪旅行 logo

二、飞猪旅行战略定位——“让天下没有难做的旅行生意”

自 2014 年 10 月阿里巴巴将其旗下“淘宝旅行”业务拆分成独立公司，并推出独立品牌“阿里旅行·去啊”开始，阿里对于在线旅游业务的重视可见一斑。背靠阿里大生态，在技术和流量双向加持下，阿里开始了对在线旅游市场的“冲击”。然而，2015 年携程完成对去哪儿的并购后，携程系便成了中国在线旅游市场的“龙头老大”，加之“微信小程序第一股”的同程艺龙、途牛等 OTA 对在线旅游市场的布局，甚至是注重本地生活化服务的美团也开始加入酒旅服务市场，中国在线旅游市场俨然成了 OTA 和互联网企业展开激烈角逐的“红海”。虽然有雄厚的技术和海量的流量作支撑，但是阿里亟须找到进入在线旅游市场的突破口，也因此，阿里旅行不断升级战略，布局新的领域，重申其战略定位，以期获得在线旅游业务的红利。

（一）开放平台 + 技术支持

从淘宝、天猫中分离出来的旅行业务——阿里旅行——自带淘宝系的运营基因，因此阿里旅行品牌甫一发布便宣告其将自身定位为“开放平台”，用技术赋能旅行服务提供商。以技术创新带动行业升级，在旅行服务行业里并不多见。一方面，阿里旅行作为阿里巴巴旗下的在线旅行平台，背靠整个阿里系的优势技术势能，创新性地落地嫁接到传统的旅行行业中，为之带来全新的可能；另一方面，阿里旅行作为开放平台，勇于共享技术创新尤其是数据计算能力，也因而得以接入越来越多的行业微创新与微服务，日益积累自身的集成创新优势。

OTA 平台拥有消费者和商家（包括自营）两种角色，而淘宝体系的平台除了这两种角色之外还包括 TP（TaoBao Partner，淘拍档）和 ISV（Independent Software Vendors，独立软件开发商）。商家如旅行社、酒店、航空公司、景区等是可以提供实际服务的实体；TP 的作用则是辅助这些商家提供服务，如辅助旅行社在阿里旅行平台发布商品，同时也可以为消费者提供商品选择时的咨询服务（旺旺服务）；ISV 是软件供应商，帮助商家打造 IT 系统，同时承担商家的系统和阿里旅行的系统之间的衔接工作。三个角色——商家、TP、ISV——一起服务消费者。而开放平台的搭建则需要一系列的技术支持来衔接四者，如阿里生态中的支付宝在交易、授信、隐私保护等方面起着重要作用，从而形成完整的从产品供应到消费的闭环。①

在此基础上，阿里旅行结合阿里巴巴的技术，依托阿里生态，推出了“未来酒店”“未来景区”“万游引力”度假 IP 等战略。在 2016 年阿里旅行更名飞猪旅行完成第二次品牌升级后，飞猪旅行加速布局出境游市场，作为阿里“全球化”战略的先头兵，全力推进“全球游”国际化战略。

（二）“未来酒店”②

2015 年 3 月，阿里旅行发布“未来酒店”战略，携手酒店同业打造一个基于信用体系的新型在线旅游服务平台。阿里旅游整合阿里系五大平台能力，挑战传统 OTA（在线旅游代理商）模式，持续提升酒店运营效率和用户体验。“未来酒店”第一阶段最先上线的是与芝麻信用合作的“信用住”服务。“信用住”的体验与传统模式的不同在于：用户在阿里旅行预订酒店时，芝麻分达到 600 分即可选择信用住。用户先入住后付款，无须担保，零押金，离店时也只需归还门卡即可，系统自动从用户的支付宝账户里扣除房费。

信用住突破了前台现付返佣模式，通过芝麻信用了解用户的信用水平。解决了酒店最担心的 No-Show 率（指用户预订后未实际入住）高的问题。数据表明，传统 OTA 平台上酒店 No-Show 率在 40%~50%，而信用住使之降低到 30% 以下。

截至发布会召开，全国有近 5500 家酒店加入“信用住”计划，包括香格里拉、喜达屋、金陵、开元、雷迪森等高端酒店集团，如家、华住、布丁、银座、易佰等经济型酒店集团等。“信用住”是“未来酒店”落地的第一步。未来，阿里旅游将逐步向酒店行业实现五大平台能力的共享：信用、效率、营销、黏性和安全。

基于阿里巴巴数据和平台服务之上，阿里旅游的“未来酒店”还将推出更多服务，在其背后，是淘系 3.5 亿活跃用户、芝麻信用、支付宝、花呗、阿里云和石基的支持。

（三）“未来景区”

2015 年 9 月，阿里旅行启动由“码上游”全面升级而来的“未来景区”战略，即游客可以先游玩再付款，免去排队买票的焦急等待，在景区里也可以用手机付款吃喝玩乐，并提供景区游览导航。深圳东部华侨城、黄山、乌镇、古北水镇、海昌集团在全国的 8 个极地海洋馆已经加入“未来景区”战略。

“先游玩再付款”基于蚂蚁金服推出的芝麻信用分，运用大数据和云计算呈现个人的信用状况，个人凭芝麻信用可免押金住酒店、免押金租车、免提供签证证明材料等。具体来看，当游客要在“未来景区”游玩时，其芝麻信用分大于等于 600 分，即可提前在 APP 预约，预约成功后获得的二维码是入园凭证，费用的支付则是

---

① 环球旅讯. 阿里旅行：开放平台，集成创新，赋能旅行业［EB/OL］.［2016-09-01］. https：//www.sohu.com/a/115068993_118838.

② 环球旅讯. 飞猪如何利用未来酒店全场景信用消费，用大数据深挖旅行享乐需求［EB/OL］.［2017-06-09］. https：//tech.huanqiu.com/article/9CaKrnK18Br.

在入园后的 24 小时内于支付宝账户中自动扣除。

（四）“万游引力”度假 IP 战略[①]

2016 年 7 月下旬，在未来酒店和未来景区之外，阿里旅行打出了第三张牌，即以度假 IP 孵化的方式发力度假业务（内容 + 营销）。“万游引力”度假 IP 战略是以阿里旅行平台覆盖的旅游资源为基础进行细分，划分出不同领域的 IP，如当时与芬兰航空、芬兰旅游局独家合作推出的“极光专线”，已成为阿里旅行旅游 IP 产品的样板。

除了“极光专线”，阿里旅行也陆续推出以东非、埃及等目的地为主题的旅行产品。另外，在 IP 类型上，阿里旅行除了设定北极光这样的“原创 IP”，同时也包括“优质 IP”和“潜质 IP”，挖掘平台上有特色的产品。IP 最重要的是品牌化，使其获得更广泛的价值内涵与认同，通过 IP 孵化帮助优质的产品线路和平台上的优质网店塑造品牌，带动阿里旅行度假产品的销售。

（五）“全球游”[②]

自阿里旅行独立发展近两年后，发现用户的使用习惯使其对出行的要求变得更高，不再局限于标准化的线路和团队游。因此，更名后的飞猪旅行将重点拓展的对象放在了更为高端的欧洲市场。在一些特别的线路上，为了尽快打开市场，飞猪采取了自营直采的方式，比如针对芬兰的“极光之旅”路线，从机票、酒店到景点均是与当地服务商直接进行合作，同时，飞猪还在芬兰当地建立了线下服务站。飞猪旅行的欧洲目的地战略包括一站式交易平台、目的地服务体系以及目的地整合营销三个部分。

2016 年年初，飞猪与新加坡旅游局启动战略合作，开始全球化布局。飞猪旅行全球目的地战略已经有了新加坡、美国以及欧洲三地，并陆续推出阿里商旅、出境超市、未来酒店、未来景区、未来假期以及未来飞行 + 等服务，而在阿里旅行所覆盖的区域，蚂蚁金服旗下的支付宝、芝麻信用、本地生活也一并落地。

对于飞猪而言，其出境旅行市场的争夺主要依靠三方面：阿里系的流量和用户导流有助于需求端口的开辟；签证办理工作更趋优化；创新型业务带来的服务便利化。

三、2019 年企业大事记

2019 年 1 月：飞猪乌镇未来景区“刷脸游”上线。

2019 年 3 月：厦门航空与飞猪在杭州签署合作框架协议，双方建立长期的合作伙伴关系，借助 NDC 新分销能力（New Distribution Capability，简称 NDC）为消费者提供更为丰富的产品和优质服务；与免税店合作上线“飞猪购”业务。

2019 年 6 月：万豪酒店与飞猪实现积分互换。

---

① 文旅界 . 阿里旅行打出第三张牌，其手上筹码有多大？［EB/OL］.［2016-07-21］. https：//news.cncn.net/c_650554.

② 科技说 . 飞猪改名瞄准出境游　在线旅行市场影响几何？［EB/OL］.［2016-10-31］. https：//www.traveldaily.cn/article/108664.

21 世纪经济报道 .“飞猪”瞄准出境游　但真的能飞起来吗？［EB/OL］.［2016-11-01］. https：//www.meadin.com/135978.html.

2019 年 7 月：针对“小镇青年”全球游，推出机票 0 首付分期买。

2019 年 8 月：飞猪升级会员体系，会员日加频至每周一次，用户每逢周四均可至飞猪 APP 领取和使用里程，享受机票、酒店、国内及出境游专属会员价。

2019 年 9 月：成立飞猪旗下“未来酒店”打造的会员社区联盟——“菲住酒店联盟”，目标是为单体酒店打造会员生态系统，发展会员、带来流量；阿里巴巴与西日本旅客铁道公司（JR 西日本）在日本大阪达成战略合作，JR 西日本将与阿里巴巴生态内飞猪、支付宝、天猫国际等品牌深度互动，覆盖游客出行前、出行中、出行后等场景，把西日本独具特色的观光列车、温泉、美食、景点等旅游资源带给中国消费者，提升西日本的游客吸引力和中国游客的消费体验。

2019 年 10 月：飞猪与穷游网将在内容营销层面进一步深度合作，打通从内容种草到消费转化的旅行决策全链路，助力飞猪旅行“双 11”交易；发布新旅行联盟 2.0；飞猪推出东京奥运会期间“订住宿送赛事门票”主题游套餐，配合阿里巴巴奥运赠票活动，打包东京住宿资源，提前近一年抢跑奥运年日本旅游市场，让计划现场看奥运的消费者不再苦恼抢票难、订房难；飞猪联合穷游首次推出的“全球玩精大会”直播晚会在飞猪、淘宝、优酷三端直播，整场晚会各直播间观看总人次超 600 万。

2019 年 11 月：“双 11”期间，飞猪平台上的商家品牌新增粉丝总数近 500 万，商家新增会员超去年同期 200%；酒店 9 小时成交额超去年“双 11”全天，国际机票总成交同比增长 50%、签证件数超过 90 万件、出境游人次超 500 万；亚洲航空发布声明，将同飞猪平台于 12 月 1 日正式中止与飞猪的合作伙伴关系，全面停止业务关系。

2019 年 12 月：官方正式认定菲住酒店联盟为飞猪旗下会员制酒店品牌，从 9 月底正式上线，4 个月已签约酒店 15 000 家；阿里发布人事调整：赵颖出任蚂蚁金服国际事业群总裁，仍将兼任飞猪总裁。

四、战略剖析与企业解读——“飞猪不是 OTA，过去不是，现在不是，一直都不是”

（一）新旅行联盟——连接与赋能①

2018 年 10 月，飞猪“未来旅行新想象——新旅行联盟暨 2018 双 11 启动”发布会在上海召开，发布会现场上，阿里巴巴集团 CEO 张勇以视频方式表达道“阿里没有兴趣去重复做一个 OTA，也不想做一个新的 OTA。我们的目标就是做好一个平台，让我们旅游产业的合作伙伴把生意做得更好”，意即飞猪要依托阿里大生态做开放平台，更好地连接和赋能商家。

1. 飞猪为何能构建联盟？

首先，从“阿里旅行 · 去啊”到“飞猪”，经过几年的探索实践，飞猪旅行完成了从最初关注消费者“去”，及消费者“去”的背后需要提供的服务与保障，到锁定目标群体为年轻消费者的市场定位，并协同面向企业差旅服务的阿里商旅一起

① 环球旅讯. 飞猪“新旅行联盟”赋能商家能讲出什么新故事？［EB/OL］.［2018-10-18］. https：//www.sohu.com/a/260195063_100188883.

构成阿里巴巴旗下的旅行业务单元。这与最近几年旅游市场的年轻化和国际化需求日渐丰富有很大关系。

其次，内容和营销成为飞猪推进旅行业务的两大“利器”，无论是与穷游网开展的旅行者峰会还是通过自营直采推出的飞猪“极光专线”系列产品，对营销话题的打造、超级品牌日等营销活动的推广都体现着飞猪超强的内容营销实力。

2. 何为“新旅行联盟”？

打破品牌商家、旅游资源方和飞猪平台的单点合作模式，实现商家与阿里全生态业务的互动，以及商家与商家之间的合作，即飞猪宣布的“新旅行联盟”，“连接”则是新旅行联盟最直接的体现。数据连接是实现企业连接最根本的方式，飞猪与诸多航空公司如新加坡航空公司、美国航空等打通会员体系，与万豪实现积分互换，以期增强客户黏性，给予消费者更顺畅的旅行体验。

阿里巴巴的业态十分丰富，因此阿里首先会推动新旅行联盟与阿里生态中最容易产生协同性的生态合作，即阿里的电商平台如淘宝、天猫以及飞猪等，通过电商平台的会员体系完成会员的洞察，丰富本地生活场景。

3. 面临诸多挑战？

首先，飞猪依然要面对商家产品掌控力的问题。旅游产品不同于淘宝上零售的诸如衣服、零食等商品，旅行更多的是体验与服务，消费者很可能因为一次消费体验不佳则不再选择飞猪。

其次，新旅行联盟中需要多场景合作，旅游者在旅游全过程中除了交易之外的查询、地图、点餐等都需要阿里生态对商家的赋能，而这其中所涉及阿里体系中的口碑、支付宝、高德等都已涉入旅行的相关业务，其与飞猪之间的业务协同及效率也会成为挑战。

（二）新旅行联盟 2.0——“一体两翼”①

2019 年 10 月，在新旅行联盟启动一周年之际，飞猪召开了“2019 飞猪新旅行商家大会”，这次阿里巴巴董事局主席兼首席执行官张勇现身会场，强调飞猪之于阿里的重要性。

过去一年中，新旅行联盟取得了丰硕成果。飞猪平台商户增加近 5000 家，平台 1/3 商家年交易增长超过 100%，近 1000 个品牌商家开设旗舰店。半年内上线 12 场“飞猪超级品牌日”，精准触达用户累计超 1 亿。平台全年旅行直播达到 2.6 万场。飞猪会员体系与 25 家全球旅行品牌达成长期合作，半年内为 25 家商家店铺增粉超 400 万。

新旅行联盟 2.0 的核心是“一体两翼”。“一体”，即飞猪的“新店铺运营体系”，飞猪将在新体系下开放店铺底层生态，为商家提供全功能、全流量、全场景、数据化的私域运营解决方案，帮助商家从对“货”的运营全面转向对“人”的服务和运营。“两翼”，即飞猪的“品牌营销”和“会员体系”。

① 环球旅讯．逍遥子站台，飞猪新旅行联盟 2.0 要放什么大招？［EB/OL］．［2019-10-17］．https：//xueqiu.com/1011247185/134156051.

劲旅网．飞猪向左，OTA 向右［EB/OL］．［2019-10-18］．https：//xueqiu.com/1543547907/134262628.

1. 消费者

飞猪“新店铺体系”下，消费者一方面是阿里巴巴的会员，包括飞猪会员、支付宝会员、天猫会员、淘宝会员等，另一方面又是飞猪平台上各个商家的会员，例如酒店会员、航空公司会员等。

如何成为“会员”？纵向来看，飞猪希望能够将所有阿里巴巴的会员，变成飞猪以及飞猪商家的会员。如果一名消费者本身就是淘宝用户、支付宝用户，那么这名消费者将自然而然成为飞猪会员和商家的会员，实现权益互通。横向来看，飞猪不同商家之间的会员也能够实现互通共享。

成为“会员”有什么好处？相较于一般消费者，会员对于平台和商家的黏性与忠诚度更高。成为会员能够让消费者在消费时，获得与普通消费者不同的高性价比产品，同时基于大数据的算法技术可以实现更加精准和个性化的消费推荐。

2. 商家

作为飞猪的商家，其最主要的目标就是获取飞猪平台的流量。在 OTA 商业逻辑之下，任何一个商家，只要被给予了更高的排名、更好的广告位、更多的曝光，就能够收获更多的订单。反之，一旦 OTA 的流量消失，商家的订单立马大幅减少。

公寓流量与私域流量的转化。飞猪不缺公域流量，阿里的年度消费用户已经超过 7 亿，到 2019 年 6 月底为止，阿里经济体年度支付用户已达 9.6 亿。飞猪通过数据为商家精准匹配流量，帮助商家将这些公域流量转化为私域流量。

导入精准流量之后，飞猪通过引导店铺商家参与各种各样的店铺活动、内容营销等形式，将这批人群转化为自己的店铺会员。如此一来，这批人群中很大一部分将会在店铺进行长期、反复消费，实现从 0 到 1、1 到 N 的几何式增长。

3. 飞猪

如果说“一体两翼”是一架飞机，飞猪就是一条跑道，提供基础赋能。飞猪起到链接作用，一方面，要有链接阿里生态获客能力，也就是把阿里巴巴生态用好的能力；另一方面，要有私域运营能力，也就是帮助店铺用好沉淀私域流量工具的能力。这里面包括至少三项基础能力：数据化运营能力（MCI）、客户运营能力（CRM）、线下门店运营能力（轻店铺）。

最典型的是两个板块：飞猪品牌数据银行和品牌营销。

飞猪品牌数据银行，就是飞猪与商家合作，帮助商家把后者积淀下来的海量消费者数据，经过清洗、分析、运算等，形成对商家有价值的消费者数据。

飞猪品牌营销，最典型的就是飞猪超级品牌日，帮助店铺解决两个问题：如何让品牌更好曝光；如何精准捕获潜在消费群体。此外还有飞猪超级新发现和飞猪双十一。

为了提升店铺私域流量运营能力，飞猪在店铺内设置了更多工具，例如商家直播、客服系统、会员运营、内容运营和品牌推广等。电商平台解决的是人与货的链接，飞猪的目的则是营造人（消费者）与人（店家）的链接，进而再连接到货，这与 OTA 模式有本质不同。

4. 阿里巴巴

阿里巴巴生态，是飞猪成长的基础支撑，拥有三大优势：用户、支付和数据。阿里巴巴生态需要面向旅行场景，把内部的各个商业元素联动起来。旅行是以酒店、机票、门票等为基础，与目的地的吃喝玩乐、购物、现场演出等结合在一起。阿里巴巴从“全球游”到“全球玩”（Global Fun），正是出于旅行全场景的考量才做出的重大调整。

（三）“菲住酒店联盟”——向单体酒店行业进击

1. 单体酒店的困局与资本的“跑马圈地”①

与连锁型酒店相对应，单体酒店一般指独立经营管理，平均客房量在 80 间以下的个体酒店。《中国酒店产业报告》数据显示，中国酒店存量市场中有约 92 万家单体酒店，占比超过 85%，可触达的市场规模接近 1 万亿。但即便总量巨大，因每家单体酒店受限于门店数量，且此前各企业基本都处于单打独斗的状态，于单体酒店而言，找不到客人和留不住客人的难题并存。正是看到这些单体酒店普遍面临着品牌影响力弱、缺乏会员体系、用户留存率低等一系列痛点，近两年，巨头与资本纷纷进入到这 1 万亿市场。

如较早入局的印度酒店连锁企业 OYO，在资本助力下，大刀阔斧地收编单体酒店，从 2017 年 11 月开始进入中国市场到 2019 年底，OYO 已拿下中国近 2 万家单体酒店。快速跑马圈地的举措，让这一外来者在中国的酒店市场出尽风头。而在随后的 2 年时间中，携程的丽呈、旅悦集团推出的索性、同程艺龙的 OYU（我寓）、美团的轻住酒店等一批品牌扎堆入市，这一赛道开始变得拥挤起来。

在一个存量空间中，“跑马圈地”的速度与效率，决定了各家企业手中筹码的分量。公开数据显示，目前 OYO 酒店在全国共有 1.9 万家加盟酒店，客房总量达到 78 万间，覆盖全国 338 个城市，其中广泛覆盖各个省份的二线及以下城市。同程艺龙旗下酒店轻加盟品牌 OYU 计划在 2019 年底前完成全国 2500 家酒店签约，而且未来还会在更多二三线城市进行布局。另据公开信息，美团的轻住旗下已有 2000 家酒店，计划在年底达到 4000 家。

2. “菲住酒店联盟”的成立与经营模式②

2019 年 7 月，“菲住酒店联盟加盟”公众号发布的招商邀请函，表明菲住酒店

---

① 每日经济新闻. 飞猪成立菲住酒店联盟，万亿单体酒店市场战火升级［EB/OL］.［2019-12-19］. https://finance.sina.com.cn/chanjing/gsnews/2019-12-18/doc-iihnzhfz6751237.shtml.

36 氪 . 飞猪也玩单体酒店，但对手并不是 OYO［EB/OL］.［2019-12-20］. https://baijiahao.baidu.com/s?id=1653448511050078724&wfr=spider&for=pc.

② 环球旅讯. 飞猪成立菲住酒店联盟，加盟商考核重点是“拉新办卡”［EB/OL］.［2019-09-18］. https://www.sohu.com/a/341587906_118838.

环球旅讯 . 三个月签约 15 000 家酒店，菲住酒店联盟用会员模式攻城［EB/OL］.［2019-12-18］. https://www.sohu.com/a/361109874_118838.

每日经济新闻 . 飞猪成立菲住酒店联盟，万亿单体酒店市场战火升级［EB/OL］.［2019-12-19］. https://finance.sina.com.cn/chanjing/gsnews/2019-12-18/doc-iihnzhfz6751237.shtml.

联盟是飞猪旗下“未来酒店”打造的会员社区联盟，目标是为单体酒店打造会员生态系统。9月，“菲住酒店联盟”的小程序在微信、支付宝上线，其官方旗舰店也在飞猪落户。“菲住酒店联盟”的经营主体是浙江未来酒店网络技术有限公司——由飞猪、石基和首旅酒店集团于2016年成立的合资公司。12月的飞猪发布会上，菲住酒店联盟被官方正式盖章认定为飞猪旗下会员制酒店品牌。

菲住酒店联盟面向中小单体酒店，用户付费以39元/年的价格成为菲住酒店会员后，可以享受到92折价格入住联盟内酒店的优惠。目前可通过菲住酒店联盟小程序、飞猪内菲住酒店联盟旗舰店进行预订。

而在商家端，进驻菲住酒店联盟不需要加盟费，亦不需要换牌改造，只要给到联盟“销售结算价”（即所有OTA线上销售渠道相同房型实时售卖最低价格）的八五折，并且要完成会员拉新KPI（即联盟的商家每月至少要增加60位会员）。

在整套模式中，最核心是菲住酒店联盟设立的分佣规则。当联盟内酒店A拉新一位会员后，该会员入住酒店A，联盟并不收取佣金；当该会员入住菲住联盟内B酒店后，A酒店可从B酒店订单中抽取部分佣金。因此，新增订单、返佣收入、会员卡收入是菲住酒店联盟的三个价值点。

单体酒店的选择标准：核心城市，核心商圈，服务品质，经济型酒店的价格水平。

到2019年9月，“菲住酒店联盟”已上线1500家左右的酒店，预计年底签约1万家，覆盖200个城市，主要侧重在85个一二线城市的重点商圈。上线菲住酒店联盟的房源类型覆盖了青年旅社、宾馆、农家乐、客栈、民宿、经济型酒店、别墅、公寓、精品酒店等，个别速8、OYO、花筑等连锁酒店也有上线。截至2019年12月，菲住酒店联盟自9月商家端产品上线以来，3个月时间已签约超过15 000家酒店，超60万间酒店房间，覆盖超300个城市。已有部分酒店的数据显示，借助菲住酒店联盟平均可以提升10%以上的入住率。

（四）新冠肺炎疫情下飞猪的应对

1. 退订保障[①]

新型冠状病毒肺炎疫情在春节前暴发，让原本的旅游旺季变成了退订旺季。疫情暴发以来，飞猪已三度发布退改保障政策，在1月21日的首个保障公告中，飞猪率先把医务工作者作为特殊群体，给予其全线全时段产品免费退改的保障，引发行业跟进，体现旅游业对一线医护人员的关怀。

1月23日，飞猪升级退改保障，首个推出2月8日（正月十五）前出发的全线产品免费取消，不论国内国外，不论产品类型。1月31日，飞猪再次升级退改保障至2月29日，整体构成上占比超八成的国内游产品继续支持全部免费退订。2月2

① 吴涛. 借助阿里经济体力量，帮助商家尽快恢复旅行生意［EB/OL］.［2020-02-05］. http：//k.sina.com.cn/article_2042890383_79c4088f00100uspp.html?from=travel.

黄宇舟. 2月29日前全球酒店全部可免费退订［EB/OL］.［2020-02-03］. https：//tech.qq.com/a/20200203/011573.htm.

日，免费退订的保障继续扩大至全球酒店。

飞猪在节前的数据统计显示，今年春节期间订单比去年同比增长30%。进入退改高峰以来，飞猪国内游订单退订率在70%~80%。截至1月31日，所有出行日期在2月29日前的退订需求，已经98%完成退款。

为了应对退改需求的爆发，飞猪紧急上线了一系列在线自助退订方式，简化流程提高效率，智能解决率近95%。目前，全球绝大多数酒店均已实现自助一键退改，国内旅游线路、周边游、定制游、门票等也可在线一键退。

2. 平台商家扶助计划[①]

2月11日，飞猪推出平台商家扶助计划，依托阿里经济体力量，从增流量、免年费、提供贷款和保险、强营销、助转型等7大方面，对平台上所有商家的后续经营给予全面支持，并为本次疫情中提供安心退改保障的商家给予定向帮扶。

为了感恩共同担当，飞猪对本次疫情期间积极为消费者提供免费退改服务的商家，将给予“新旅行联盟—优质服务商家”称号，商家可获得180天“优质服务”标签，并在平台上同等条件下优先展现。

同时，飞猪还将对该部分商家开放阿里巴巴经济体内的多端流量支持，包括飞猪、支付宝、淘宝、本地生活平台等，并在大型营销活动中对相关商品予以加权。

为减轻疫情重点地区商家经营压力，飞猪将对平台上的武汉地区商家，免除6个月的平台服务年费；飞猪平台上的其他全部商家，免除3个月的平台服务年费。

为倡导特殊时期的爱心义举，飞猪将免除武汉地区为医护人员提供免费住宿的酒店商家6个月的平台佣金。

为缓解中小商家的资金困难，蚂蚁金服旗下的网商银行为飞猪平台商家提供为期12个月的特别扶助贷款，并简化贷款申请手续，完全线上操作，贷款一秒放款；平台商家贷款利率打八折，平台湖北省商家额外再享前3个月免息优惠。

为提升商家抗风险能力，飞猪与蚂蚁保险合作，向飞猪平台酒店商家和旅行社商家的特定商品，赠送商家经营损失责任险，最高可获得100%资损保障，为商家一路护航。

此外，针对有意转型的中小商家，飞猪平台还将尽力提供转型平台服务商的各项支持，包括课程、培训、技术以及业务推荐，与一起战斗过的商家伙伴继续一路同行。

飞猪表示，愿尽最大努力帮助商家，共克时艰，与商家一起打赢抗疫情与恢复生产两场仗。

3. 商家经营损失险[②]

飞猪推出旅游商家扶助计划，推出首个旅游类“商家经营损失险”，填补行业

---

① 和讯网．飞猪推出旅游商家扶助计划，以阿里经济体力量助行业融冬度困［EB/OL］.［2020-02-11］. https：//finance.sina.com.cn/stock/relnews/us/2020-02-11/doc-iimxxstf0549049.shtml.

② 品橙旅游．飞猪推“商家经营损失险”填补旅游业空白［EB/OL］.［2020-02-13］. https：//www.sohu.com/a/372699537_425901.

空白。目前，旅行行业经营企业所购买的保险均是针对用户权益的保护措施，目前行业内暂无针对旅行企业经营损失的保险。

在飞猪推出的这份扶助计划中，包含了流量扶持、免除年费、佣金、贷款利率优惠、转型扶持及保险护航等多项内容。其中，飞猪与蚂蚁保险合作，向飞猪平台酒店商家和旅行社商家的特定商品赠送商家经营损失责任险，最高可获得 100% 资损保障。这是业内首个针对旅游商家的经营损失险。

旅行行业商家经营损失责任险，由飞猪与蚂蚁保险及保险公司共同推出，增加了旅行行业所遭遇的一些特殊的不可抗力因素。包括境外目的地发生暴动，公共交通行业罢工、气象局公布恶劣天气停止出行、出发地或目的地自然灾害、出发地或目的地发生突发性传染病以及出游人感染流行疾病而被依法隔离等。业内人士评价，虽然这次保险不能向前追溯，但此举对“看天吃饭”的旅行行业来说意义重大，填补了行业空白。

4. 飞猪宅家旅行计划[①]

疫情让大家的春节旅行计划泡汤。但没人出门，不代表没法云游世界。

2 月 21 日，飞猪宅家旅行计划正式上线，近千旅行商家，以及来自全球 30 多个国家和地区的旅行达人，将陆续为用户每天带来超过 100 场的全球直播，让大家足不出户游遍全球。

随着各行各业复工的脚步加快，全球各地的旅游业从业者也加入了复工大军，不少飞猪旅行商家及旅行主播已经通过直播开启了全新复工模式。2 月 23 日，中国国家博物馆、三星堆博物馆等 9 家国内知名博物馆也登陆淘宝直播，让用户可在线云游博物馆。

疫情倒逼行业和商家去思考如何变被动等待为主动蓄水。直播是一种很有效的方式，积极做旅行直播的商家不仅能够保持着跟粉丝的联系，而且有的商家通过直播发放优惠券，已经锁定了一批疫情后的出行需求。用户和需求在，希望就在。

民宿在这次疫情中也受到重创，为了应对危局，一贯单打独斗的民宿主们也开始抱团取暖——数百个民宿结成了“直播联盟”，在飞猪平台的“商家直播月”抢占先机。

飞猪平台的数据显示，2019 年，飞猪旅行直播全年直播场次近 3 万场，并创下单场观看人次超 600 万的纪录。疫情之下，许多商家都意识到自主阵地、用户资产，才能带来核心竞争力，增强抵抗风险的能力。未来直播也会持续进行下去，吸纳忠诚客户，形成强用户黏性。

---

① 飞猪. 飞猪推“宅家旅行”，商家扎堆直播养粉蓄力 [EB/OL]. [2020-02-21]. https：//www.sohu.com/a/374718873_100191061.

第三节　美团——打造在线旅游生活化场景

一、企业简介

美团点评是中国领先的生活服务电子商务平台，由美团和大众点评于 2015 年 10 月合并成立。公司拥有美团、大众点评、美团外卖等消费者熟知的 APP，服务涵盖餐饮、外卖、打车、共享单车、酒店旅游、电影、休闲娱乐等 200 多个品类，业务覆盖全国 2800 个县区市。截至 2019 年 12 月 31 日止十二个月，美团年度交易用户总数达 4.5 亿，平台活跃商户总数达 620 万，用户平均交易笔数为 27.4 笔。[①]

从业务结构来看，美团点评拥有到店餐饮、酒店旅游、在线外卖和移动出行四大板块，其中外卖是公司估值最重要的支撑。2017 年美团外卖交易额为 1710 亿元。2017 年美团点评交易额达到 3600 亿元，收入达 330 亿元，外卖业务占美团点评整体交易额达到 47.5%。

2018 年 3 月美团酒店以 2270 万的单月间夜量（单月酒店房间出租率）首次超过携程、去哪儿、同程艺龙的总和。同时，2018 年第一季度美团酒店以 5770 万个的订单总量位居行业第一。

图 5–2　美团点评 logo

据美团点评 CEO 王兴在 2018 年 2 月披露的数据显示，2017 年度美团点评整体收入超过 330 亿元，GMV 交易额突破 3600 亿元，线上日订单量峰值超过 2700 万个、线下超过 700 万单的交易。2017 年的活跃买家数为 3.1 亿人，活跃商户 440 万户。

2018 年 9 月 20 日，美团点评（股票代码：03690.HK）正式在港交所挂牌上市。开盘大涨 5.7%，报 72.9 港元，市值 4000 亿港元（约 510 亿美元），超越京东。截至 2020 年 3 月 30 日，市值超过 600 亿美元，位列中国上市互联网公司第 3 名，全球第 8 名。

---

① 美团点评官网［EB/OL］. https：//about.meituan.com/about/desc .

目前，美团点评旗下拥有美团、大众点评、美团外卖、美团单车、美团跑腿、美团民宿、美团打车等 APP 产品。

2018 年是美团点评上市以来的第一个财报年度，财报显示，2018 年美团实现营业收入 652.3 亿元人民币，较去年同期增长 92.3%。美团总交易金额达到 5156.4 亿元，同比增长 44.3%；年度交易用户突破 4 亿里程碑，较 2017 年净增近 1 亿用户；年度活跃商家增长至 580 万，较 2017 年同期的 440 万增长 32.1%。①

其中，餐饮外卖收入实现 381.4 亿元，同比增长 81.4%；毛利总额为 52.7 亿元。餐饮外卖交易笔数从 2017 年的 40.9 亿笔增至 2018 年的 63.9 亿笔，增长 56.3%；2018 年日均餐饮外卖交易笔数 1750 万笔。

二、2019 年度财报分析 ②

2020 年 3 月 30 日，美团点评（以下简称“美团”）发布了截至 2019 年 12 月 31 日止年度业绩公告。

（一）整体财务表现

公告显示，美团总收入由 2018 年的 652 亿元增至 975 亿元（单位：人民币，下同），同比增长 49.5%；毛利总额由 2018 年的 151 亿元增至 323 亿元，同比增长 114.0%，且经营溢利由 2018 年的 -111 亿元转为 27 亿元。2019 年，经调整 EBITDA 及经调整溢利净额分别为 73 亿元及 47 亿元。

美团经营现金流量由 2018 年的 -92 亿元转为 2019 年的 56 亿元；截至 2019 年 12 月 31 日，美团现金及现金等价物为 134 亿元及短期投资 494 亿元，截至 2018 年 12 月 31 日的结余分别为 170 亿元及 418 亿元。

	截至下列日期止年度				
	2019年12月31日		2018年12月31日		
	金额	占收入百分比	金额	占收入百分比	同比变动
	（人民币千元，百分比除外）				
收入	**97,528,531**	**100.0%**	65,227,278	100.0%	49.5%
毛利	**23,320,388**	**33.1%**	15,104,958	23.2%	114.0%
经营溢利/（亏损）	**2,679,860**	**2.7%**	(11,085,797)	(17.0%)	不适用
除所得税前溢利/（亏损）	**2,762,388**	**2.8%**	(115,490,807)	(177.1%)	不适用
年内溢利/（亏损）	**2,236,165**	**2.3%**	(115,492,695)	(177.1%)	不适用
非国际财务报告准则计量：					
经调整EBITDA	**7,253,634**	**7.4%**	(4,733,831)	(7.3%)	不适用
经调整溢利/（亏损）净额	**4,656,685**	**4.8%**	(8,345,621)	(12.8%)	不适用

图 5-3　美团点评 2019 年度财务概要

① 美团点评发布2018年财报：外卖收入381.4亿元 日均交易1750万笔［EB/OL］.［2019-03-11］. http：//news.mydrivers.com/1/618/618681.htm.

② 环球旅讯. 美团2019年到店、酒旅营收223亿，受疫情影响一季度预亏［EB/OL］.［2020-03-30］. http：//www.100ec.cn/detail--6550599.html.

美团 . 美团点评 2019 年度业绩公告［EB/OL］.［2020-03-30］. https：//stockn.xueqiu.com/03690/20200330643803.pdf.

（二）到店、酒店及旅游业务表现

2019 年，美团到店、酒店及旅游业务的交易金额同比增长 25.6% 至 2221 亿元；到店、酒店及旅游业务收入同比增长 40.6% 至 223 亿元；到店、酒店及旅游业务毛利同比增长 40.1% 至 197 亿元，而毛利率同比维持相对稳定。

	未经审核 截至下列日期止三个月					
	2019年12月31日			2018年12月31日		
	餐饮外卖	到店、酒店及旅游	新业务及其他	餐饮外卖	到店、酒店及旅游	新业务及其他
	（人民币千元，百分比除外）					
收入	**15,715,710**	**6,356,945**	**6,085,598**	11,006,277	4,594,132	4,203,043
毛利/（损）	**2,786,936**	**5,642,495**	**1,288,698**	1,471,721	3,988,258	(978,985)
毛利率	**17.7%**	**88.8%**	**21.2%**	13.4%	86.8%	(23.3%)

	截至下列日期止年度					
	2019年12月31日			2018年12月31日		
	餐饮外卖	到店、酒店及旅游	新业务及其他	餐饮外卖	到店、酒店及旅游	新业务及其他
	（人民币千元，百分比除外）					
收入	**54,843,205**	**22,275,472**	**20,409,854**	38,143,083	15,840,361	11,243,834
毛利/（损）	**10,233,188**	**19,746,355**	**2,340,845**	5,268,197	14,095,355	(4,258,594)
毛利率	**18.7%**	**88.6%**	**11.5%**	13.8%	89.0%	(37.9%)

图 5-4　美团点评 2019 年度及第 4 季度分部财务概要

2019 年第四季度，到店、酒店及旅游业务的交易金额增长持续加速，同比增长 35.3% 至 604 亿元；到店、酒店及旅游业务收入同比增长 38.4% 至 64 亿元；到店、酒店及旅游业务毛利增加至 56 亿元，而毛利率由 86.8% 同比上升至 88.8%。

	截至下列日期止三个月			截至下列日期止年度		
	2019年12月31日	2018年12月31日	同比变动	2019年12月31日	2018年12月31日	同比变动
	（人民币十亿元）		（百分比）	（人民币十亿元）		（百分比）
交易金额：						
餐饮外卖	**112.1**	80.2	**39.9%**	**392.7**	282.8	**38.9%**
到店、酒店及旅游	**60.4**	44.7	**35.3%**	**222.1**	176.8	**25.6%**
新业务及其他	**17.4**	13.1	**31.0%**	**67.3**	56.0	**20.3%**
总计	**189.9**	138.0	**37.6%**	**682.1**	515.6	**32.3%**

图 5-5　美团点评 2019 年度及第 4 季度经营数据

财报解释，到店、酒店及旅游分部的收入增加主要由于美团到店及旅游业务的活跃商家数量以及每名活跃商家的平均收入增加，及在平台上的国内酒店消费间夜量增加所致。

此外，美团到店、酒店及旅游业务的销售成本由 2018 年同期的 6.06 亿元增加 17.9% 至 2019 年第四季度的 7.14 亿元。有关增加主要归因于网络流量成本增加（与在线营销收入增长一致），数据库改进项目所涉及的带宽及服务器托管费以及物业、厂房及设备折旧增加。

	未经审核 截至下列日期止三个月			
	2019年12月31日		2018年12月31日	
	金额	占总销售成本百分比	金额	占总销售成本百分比
	（人民币千元，百分比除外）			
销售成本：				
餐饮外卖	**12,928,774**	**70.1%**	9,534,556	62.2%
到店、酒店及旅游	**714,450**	**3.9%**	605,874	4.0%
新业务及其他	**4,796,900**	**26.0%**	5,182,028	33.8%
总计	**18,440,124**	**100.0%**	15,322,458	100.0%

图 5–6　美团点评 2019 年度第 4 季度销售成本

就到店业务而言，交易类产品的佣金收入同比增长率于 2019 年下半年初重新加速，并于 2019 年第四季度继续加速。在线营销收入于全年亦维持强劲增长势头，2019 年同比增长约 55%。

就酒店预订业务而言，于 2019 年，在美团平台上的国内酒店消费间夜量同比增长 38.2% 至 3.92 亿；日均间夜价亦同比稳健增长。

值得注意的是，国内酒店间夜量于 2019 年第四季度进一步加速增长，同比增长达 47.9%，连续两个季度的季度酒店间夜量达到 1.1 亿。

	截至下列日期止三个月			截至下列日期止年度		
	2019年12月31日	2018年12月31日	同比变动	2019年12月31日	2018年12月31日	同比变动
	（百万）		（百分比）	（百万）		（百分比）
餐饮外卖交易笔数	**2,505.3**	1,832.3	**36.7%**	**8,722.1**	6,393.4	**36.4%**
国内酒店间夜量	**110.0**	74.4	**47.9%**	**392.4**	283.9	**38.2%**

图 5–7　美团点评 2019 年度及第 4 季度交易数据

2019 年，美团通过大力探索线下流量转化及新流量渠道，进一步巩固其在低线城市及低星级酒店分部的领导地位。

2019 年，美团高星级酒店预订业务于 2019 年维持稳健增长。2019 年第四季度，来自高星级酒店的收入贡献同比进一步增长。

（三）业绩展望

自 2020 年初起，新型冠状病毒的暴发对中国众多行业造成巨大的短期冲击。美团财报表示，疫情对其 2020 年第一季度的业务产生下行压力，酒店及旅游等业务在需求端以及供应端方面均面临重大挑战。

由于疫情的影响，美团估计 2020 年第一季度收入将会同比负值增长及经营亏损。由于不断变化的情况存在高度不确定性，美团在此阶段无法完全确定对 2020 年全年的预期影响。

三、2019 年企业大事记

2019 年 1 月：美团酒店宣布，通过美团酒店预订并入住的单日间夜量已于 2018 年 12 月 31 日达到 200 万，再次创下行业新纪录；西安大唐芙蓉园在京宣布与美团门票达成深度战略合作关系。美团门票将成为 2019 年大唐芙蓉园新春灯会线上售票独家合作伙伴，帮助景区丰富线上门票形式、融合多元文化 IP。

2019 年 2 月：美团点评餐饮学院、美酒学院为延庆 200 多名餐饮、民宿从业者开展能力培训，提高延庆餐饮行业从业人员的管理水平、服务技能和运营能力，做好世园会、冬奥会餐饮服务接待保障工作，促进延庆社会消费品零售额及餐饮行业消费水平的提升。

2019 年 3 月：北京美住必成科技有限公司旗下的酒店品牌轻住上线美团点评。

2019 年 4 月：美团门票 4 月 6 日当日创下行业新纪录，单日入园人次突破 200 万，进一步扩大领先优势；美团酒店于长沙发布致力于帮助高星酒店探索“酒 +X”营销新模式的“长青计划”。

2019 年 5 月：美团酒店 5 月 1 日当天创下单日入住间夜量突破 280 万的酒店行业新纪录；5 月 2 日，美团门票创下单日入园人次突破 300 万的行业新纪录；美团酒店与 OYO 酒店宣布达成业务合作，美团酒店将对首批入驻的 OYO 酒店提供流量、数据运营、品牌宣传等方面的支持。

2019 年 6 月：OYO 酒店 27 日正式宣布与美团建立为期一年的战略合作伙伴关系，在合作的第一阶段，OYO 酒店将会在美团酒店平台上线 8000 家标准酒店；美团住宿事业部成立五周年，成为“一年 3 亿间”的在线酒店预订平台，跻身全球 TOP3 在线平台。

2019 年 7 月：美团酒店以抖音为核心阵地，联合站内活动，与商家线上线下联动，美团生态内微博、微信等营销矩阵一起配合，多维度向用户传达美团酒店的品牌实力；美团酒店参与中国酒店收益管理方面首个行业标准——《酒店收益管理人员执业能力要求》团体标准起草工作。

2019 年 9 月：美团酒店发起行业首个公益联合计划——美团公益商家计划，首批 5000 家酒店参加；美团点评牵头起草的国内第一个对酒店线上服务质量进行评价和评级的标准《酒店线上服务质量评价标准与等级划分》立项获批通过，并正式进入公示阶段。

2019 年 10 月：十一黄金周期间，美团宣布，美团酒店、美团门票分别在 10 月 1 日、10 月 3 日创下单日入住间夜量突破 300 万、单日入园人次突破 360 万的行业新纪录；美团在北京召开“新职业 · 新技能 · 新发展”发布会，宣布“美团大学”正式成立。

2019 年 11 月：美团点评牵头起草的《酒店在线服务质量评价标准与等级划分》

即将出炉。

2019 年 12 月：美团点评连续两年入选中国旅游集团 20 强；中国社会科学院财经战略研究院和美团点评联合课题组发布中国景区旅游消费便利度指数（Travel Convenience Index，简称 TCI），这是国内首个衡量旅游消费便利度的量化评估指标。

四、战略剖析与企业解读

（一）美团酒店的进阶

1. 从团购到预订，从经济连锁到高星级①

美团最早以团购模式切入酒店业务，其酒店团购业务 2013 年交易额达 20 亿元，合作酒店数量接近 10 万家，占酒店团购行业的市场份额接近 70%，并在当时成了携程、艺龙等 OTA 之外的第三大酒店分销商。

就在携程、艺龙、去哪儿纷纷推出团购业务时，2014 年 6 月，美团酒店业务被划拨成独立的事业部。但由于团购的“弱契约”不及预订的“强契约”，团购甚至成为酒店商家淡季的补充，因此，在将近一年的时间里，美团酒店业务从团购全面向预订转型。2015 年 7 月，酒店事业部更名为住宿事业部。半年后的 2016 年第一季度，酒店预订占比实现从 0 到 90%。

进入酒店市场的企业有很多，但是各自占据着不同的市场。携程系一直是中高端酒店市场的“领头羊”，因而一开始，结合本地生活场景，美团瞄准的是三四线城市消费场景的空缺，经济连锁和单体经济型酒店成了美团的两个阵地。

随着对酒店业务布局的深入，美团开始注意到一些用户对高星酒店有强烈需求。2016 年上半年，美团组建高星级酒店团队，开始布局中高端酒店市场。这意味着美团要与深耕酒店 14 年的携程开始分割同一块市场了。到 2017 年，美团签下包括香格里拉酒店集团、希尔顿国际酒店集团等 130 余家国际酒店集团旗下的住宿产品，2018 年全年，美团酒店签下高星酒店集团多达几十家，美团高星酒店的业务形态基本趋于完整。

数据是对美团酒店业务布局是否成功的关键指标。自 2014 年开始，美团酒店的间夜数据连续刷新：2014 年 4500 万间夜；2015 年 8500 万间夜；2016 年 1.3 亿间夜；2017 年 2 亿间夜。最新的成绩是，截至 2019 年 3 月 31 日的过去十二个月，美团国内酒店间夜量达 3.02 亿。而这个数字也让美团成为“一年 3 亿间”的在线酒店预订平台，跻身全球 TOP3 在线平台。此外，2018 年 12 月 31 日和 2019 年 5 月 1 日，美团酒店单日入住间夜量连续突破 200 万和 280 万，领跑行业新纪录。

---

① 蓝洞商业 . 美团酒店：酒店如何在消费需求升级中革新［EB/OL］.［2019-07-10］. https：//www.traveldaily.cn/article/130353.

浅黑科技 . 美团“房战”［EB/OL］.［2019-07-23］. https：//www.traveldaily.cn/article/130638.

环球旅讯 . 美团酒店的新战场［EB/OL］.［2019-08-02］. https：//www.traveldaily.cn/article/130879.

从易财经 . 美团酒店旅游业务可以估值多少？［EB/OL］.［2019-06-05］. https：//www.traveldaily.cn/article/129590.

2.“以客户为中心”+科技创新赋能商家①

酒店业务独立的五年以来，美团酒店始终保持积极增长的势头，这与坚持“以客户为中心”，并通过科技创新和用心服务不断升级消费体验分不开。随着以90后为代表的年轻群体崛起，传统的旅游消费已经无法适应当下主力消费者的多元和深度需求。

2019年以来，美团酒店推出以“必住榜”为代表的优质内容，更好地满足用户“求新、求变、求差异化”需求，形成“种草”潮流。同时，推出和优化“改签”“阶梯退”“15分钟免责退”等注重用户真实“痛点”的服务产品，帮助用户解决实际问题。

除了不断了解和服务用户，美团酒店也致力于通过科技创新为商家提供更高效的经营工具，助力商家提升综合收益，进而推动行业在健康良性的多方互动中实现正向升级。

通过PMS，美团酒店为商家提供覆盖智能收银、移动PMS、微信订房、电子发票等多场景的解决方案，实现线上线下场景连接互通，提升商户的管理效率。通过RMS，美团酒店通过对平台数据、商家数据和用户数据的分析和挖掘，帮助商家了解自身、用户、同行和市场，提前布局营销策略，从而助力酒店整体收益提升。

3.长青计划②

美团住宿事业部成立的五年间，始终在探索基于生活服务电子商务平台的模式创新。酒店的住宿服务在线预订对于消费者而言并不陌生，但酒店内其他产品和服务的线上化、数字化与其住宿服务相比，仍存在较大差距，非住宿服务的形式、品质、价格等也无法从线上便捷地获得有效信息。

2019年4月，美团酒店发布致力于帮助高星酒店探索“住+X”营销新模式的“长青计划”。通过发挥综合生活服务覆盖以及海量活跃用户的优势，有效挖掘高星酒店非住宿品类的巨大蓝海市场，助力高星酒店提升店内餐饮、婚宴等非住宿产品的数字化、线上化水平，为消费者提供围绕酒店的一站式、全品类产品信息及交易连接，进而有效帮助酒店提高综合收益。

通过从酒店住宿服务的在线预订出发，将酒店内优质的餐饮、婚宴、健身、休闲娱乐等服务全面上线，逐步完善信息展示、产品交易、服务评价等供给侧服务的数字化，让酒店的餐饮、婚宴等非住宿服务更直接、更清晰地展现在消费者面前。这不仅能降低信息不对称带来的消费顾虑，更能帮助酒店有效提高交易量，并通过线上的消费反馈不断提高服务品质。

① 凤凰网商业.美团住宿事业部成立五周年：一年订出3亿间，共建酒店行业共同体［EB/OL］.［2019-06-26］. http://biz.ifeng.com/a/20190625/45607054_0.shtml.

② 美团酒店.美团酒店发布“长青计划”，“酒+X”新模式助力高星酒店提升综合收益［EB/OL］.［2020-04-12］. https://www.sohu.com/a/307562887_168067.

（二）新冠肺炎疫情下美团的应对

1. 发起“绿色通道”保障计划①

2020 年的春节，突如其来的新冠肺炎疫情将人们的出行计划完全打乱，各大在线旅游服务平台也对相关订单开启退改程序，美团也不例外。

1 月 22 日，针对新型冠状病毒肺炎疫情，美团升级了此前推出的旅行订单应急服务政策，并发起“绿色通道”保障计划，响应计划的酒店、民宿以及景区商家将无条件为本次疫情相关订单提供免费取消保障。

美团宣布，酒店、民宿、景区门票、度假订单的应急服务政策将延长至 2 月 8 日（正月十五），并将为因疫情需要取消出行计划的医务工作者、公安边防人员、相关政府部门及媒体工作人员等相关防控人员，提供酒店、民宿、景区门票、度假的订单免费取消保障。

此外，美团还将为加入“绿色通道”保障计划的酒店、民宿、景区商户在美团、大众点评 APP 提供“绿色通道”的特殊标识。

2.“春风行动”②

据美团大数据不完全统计，3 月以来全国餐饮商户复工率已超过 55%，消费回暖势头也进入加速期。

3 月 2 日，美团推出“春风行动”，旨在帮扶商户复工复产。3 月 9 日，美团再推“春风行动”升级版，宣布 7 大举措，包括打造“安心”消费标签、5 亿消费补贴、外卖返佣等措施以及面向酒旅商家启动 10 亿元经营补贴，助力数百万商户复工复产，共同满足消费需求的快速回暖。

本次“春风行动”升级版启动了“安心消费月”计划，推出 5 亿消费者补贴，让利消费者。美团外卖、美团到店餐饮、美团酒店民宿门票、美团到店综合等服务产品将在 3 月内为用户发放超过 4 亿元补贴。同时针对用户过期未使用的会员红包，美团外卖统一提供延期服务，预计可以帮用户节省 1 亿元。

此外，包括云海肴、西贝莜面村、捞王锅物料理、王品牛排、大董、唐宫在内的超过 5 万家餐饮商户及铂涛集团、上海东方明珠广播电视塔、上海海昌海洋公园等数万酒店景区联合美团一起推出预订预售活动，最低折扣低至 1 折。

美团推出安心餐厅、安心住酒店、安心玩景区、安心逛商场、安心剪发等安心系列产品功能，通过餐厅线上化展示前厅后厨的卫生操作过程，酒店展示客房及公共区域清洁过程，让“安心”可视化。用户可以在消费之前通过美团平台查找“安心”系列的服务标签，线下到店扫“安心码”，实现无忧消费。

---

① 执惠 . 美团升级旅行订单应急服务政策，并联合商家发起“绿色通道”保障计划［EB/OL］.［2020-01-23］. http：//m.tripvivid.com/articles/25218.

② 美团 . 美团“春风行动”落地旅游目的地，发布“五个一”复苏工具［EB/OL］.［2020-03-18］. http：//www.jl.chinanews.com.cn/hyhc/2020-03-19/117832.html.

中新网 . 美团“春风行动”再升级 七大举措迎接消费复苏［EB/OL］.［2020-03-09］. http：//www.chinanews.com/business/2020/03-10/9119730.shtml.

除了对需求侧的关注，美团“春风行动”再升级还进一步增强了对商户的补贴扶持，助力商户降本增收复苏发展。从 3 月起，美团外卖将启动“商户伙伴佣金返还计划”，对全国范围内优质餐饮外卖商户，按不低于 3%~5% 的比例将外卖佣金直接打入商户的美团账户，可用于线上营销和流量推广。

据悉，“春风行动”上线一周以来，全国已有超过 25 万商户通过流量卡、代金券等形式获得帮扶，获得扶持的现有商户平均营业额增幅超过 80%。

为更好地推动酒店、民宿及景区恢复经营，美团启动十亿元商家经营补贴，提升营销效率和收益管理能力，其中酒店推广通、民宿房东营销券、景区流量卡等 6.5 亿元线上营销资源补贴，帮助商户更好地获客。酒店物业管理系统、酒店收益管理系统、民宿物业管理系统、景区实名信息登记系统铺设、门票预约管理系统升级等 3 亿元管理及运营系统补贴，让商户升级管理水平。美团为商户安全复工提供 6000 万元复工物资采购补贴，同时向湖北地区酒店和民宿商户额外提供包括额温枪、洗手液、橡胶手套、护目镜、推广通、酒店物业管理系统、收益管理系统在内的 4000 套公益资源包。

3 月 18 日，美团“春风行动”落地旅游业，发布了助力目的地旅游市场振兴与高质量发展的“安心 +”目的地“五个一”安心复苏工具包：1 个安心标签，营造目的地安心消费环境；1 包安心运营工具，为商家提供在线运营手段；1 张安心城市名片，为目的地聚焦客流；1 场安心消费节，引爆旅游消费热点；1 套安心智慧系统，助力目的地数字化升级。

3.“安心出游节”①

4 月 1 日，美团宣布，联合超 25 万“安心住”酒店和民宿、超过 3300 家“安心玩”景区启动为期 3 个月、覆盖全国超 350 个城市的“安心出游节”，继续以“安心”促进旅游消费加速复苏。其中，“一口价”、可升级为部分酒店更深折扣的“酒店通用特惠券”和主要针对高星酒店集团的“美价券”是在美团“安心出游节”酒店产品中效果最好的三个。

---

① 环球旅讯. 预售比比皆是，为什么美团要做“安心出游节”？[EB/OL].[2020-04-24]. https：//xw.qq.com/cmsid/20200424A03RNM00.

美团 . 美团首推“安心出游节”，联合 350+ 城市 20 余万商家推出超值预售产品 [EB/OL].[2020-04-02]. http：//www.cnr.cn/rdzx/cxxhl/zxxx/20200402/t20200402_525040197.shtml.

第六章 定制类旅游电商

第一节　定制类旅游电商发展概述

一、定制旅游概述

近年来，随着我国经济的发展和人民生活水平的提高，消费进一步升级，但是跟团游问题频发，为定制游的发展提供了契机。而定制游也由最初的高端定制逐渐走向大众定制。2019 年文化和旅游部发布了《旅行社旅游产品质量优化要求》,《旅行社旅游产品质量优化要求》明确了当前旅行社产品的主流分类，即包价旅游产品、单项委托旅游产品、定制旅游产品和主题与特色旅游产品，并提出了定制旅游产品的具体优化要求，这为定制旅游的发展提供了依据，同时也为定制旅游的标准化奠定了基础。定制旅游发展有四个阶段，一是 1990—2000 年，当时旅游行业发展不够成熟，主要以跟团游为主。二是 2000—2012 年，中国经济发展迅速，居民消费水平增高，高端人群数量逐渐增长，开始出现高端定制，Wild China（碧山）、德迈国际、麦稻旅游等在 2000 年之后相继成立，而鸿鹄逸游则在 2012 年成立，最开始就定位于高端人群。三是 2013—2015 年，6 人游、指南猫、无二之旅、路书、妙计旅行等专业定制旅游服务商相继成立，传统旅行社中青旅、携程、同程等 OTA 也开始布局定制旅游市场，定制旅游由高端定制逐步走向大众定制，定制不只是奢华。四是 2016 年至今，2016 年被称为定制游元年，定制旅游机构大规模出现，众信也推出“优定制”；随后，2017 年，飞猪也开始涉猎定制旅游，大规模定制开始出现。

二、定制游企业类型及运营模式

目前，做定制游的企业主要有以下几类：一是旅行服务商，比如耀悦、鸿鹄逸游、明智优选等；二是专业的定制机构 / 平台，比如无二之旅、6 人游以及路书等；三是平台 OTA 的定制业务，比如携程、飞猪以及途牛等；四是新型的社交平台，比如抖音、小红书以及妙计等。其中，妙计旅行不卖旅游产品，也不收取中间费用，而是通过第三方的网站（携程、艺龙、priceline 等知名 OTA、航空公司官网、酒店官网等）来完成。

定制游企业主要有 B2C、B2B、C2C 三种模式。B2C 模式主要是企业自主招募定制师为客户提供产品及服务，比如鸿鹄逸游；B2B 模式主要是定制机构为线下旅行社提供定制旅游供应商或工具类产品，比如 6 人游和路书；C2C 模式是个人定制师或达人通过平台向客户提供产品及服务，比如 8 只小猪以及指南猫等。而携程于 2019 年推出了定制旅行平台 3.0，推出了 C2B2B 平台，可以形成 C2B（客户对集成服务供应商）和 B2B（集成服务供应商对单一资源供应商）两种模式，两者交易可以同时进行，同时游客可以利用系统工具自己设计形成，使游客更加有体验感。

在成立初期，不少定制旅游企业定位于 C 端，比如路书，但在 2015—2016 年期间，2C 模式遇到资本寒冬，定制旅游企业开始纷纷转向 2B，比如无二之旅在 2016 年开始布局 2B 业务。2C 对于人才的需求量大且足够专业，但效率较低，难以实现规模化。目前，定制旅游市场不断渗透，不再局限于一线市场，且定制单价也开始降低，从市场分布上来看，一线城市占据 36%，二线城市为 42%，三线城市为 13%，其他城市占 9%；从客单价上来看，国内游 2016 年客单价为 4000 元，2017 年为 3200 元，2018 年为 3392 元；而出境游的客单件在 2016 年为 8497 元，2017 年为 7800 元，2018 年 7020 元[①,②]。定制旅游市场仍有较大的空间，但是规模化、ROI（Return on Investment，投资回报率）转化率低、定制师人才缺乏等依旧是行业需要解决的问题。

第二节 B2C 模式：鸿鹄逸游

一、鸿鹄逸游简介

鸿鹄逸游（HHtravel）是携程高端游品牌，由携程与香港永安旅游、台湾易游网于 2012 年 3 月成立，随后在 4 月携程投资太美旅行，携程与太美共同运营鸿鹄

① 张杨 . 中国定制旅行发展报告（2019）[EB/OL].[2019-07-09]. https：//mp.weixin.qq.com/s/5e5KUKRjCw2061v551-2WA.

② 21 世纪经济报道 . 千亿定制游新蓝海：消费端需求走向多元化［EB/OL］.［2020-01-17］. http：//www.21jingji.com/2020/1-17/3OMDEzODFfMTUyNzE3OQ.html.

逸游。太美旅行于2007年成立，主要以线下主题旅行俱乐部形式进行运营，主要服务的是富豪，携程投资之后，将其获客主渠道主要转为线上，从线下拓展到线上。鸿鹄象征高贵、稀有，鸿鹄逸游以创作战极限、服务精雕细琢的品牌理念，坚持打造高规格的旅游体验。其服务规格主要有六种，一是公务舱、私家团（2~6人成团）、高端酒店（超越五星级酒店）、米其林（米其林或当地经典风味）、专业领先（百万环游世界）、限量发行（珍贵稀缺）。服务对象主要是高净值人群，其旅游产品覆盖南北极在内的七大洲，主题多多，包括秘境探索、婚礼蜜月、自然野奢、贵族活动、户外徒步等，同时也包括了奢华海岛、邮轮·极地、奢华火车、环游世界等旅行方式。其中海岛包括马尔代夫、毛里求斯、塞舌尔斐济、大溪地、甲米、普吉岛、巴厘岛等地。

二、企业事迹

2012年3月，携程网与香港永安旅游、台湾易游网成立鸿鹄逸游，并推出80天101万产品，且只有15个席位，仅17秒就被秒杀；4月携程投资太美旅行，携程与太美旅行共同运营鸿鹄逸游；9月，推出顶级南极游产品，主要有四大类，一是极度探险类、二是深度探秘类、三是探索体验类、四是时尚动感类；10月，与中国银联进行合作，推出银联高端卡优惠活动。

2013年1月，鸿鹄逸游发布10大高端旅行产品，产品覆盖欧洲、非洲、中东、东北亚、东南亚等目的地，平均售价在9万，采用先产品后顾客的模式，助力定制旅游规模化发展，同时上线了近40条可从北京、上海出发的邮轮线路，全面布局高端邮轮市场；2月，上线2014年118万顶级环游世界80天；5月，增加了成都、广州、香港三个出发地（原出发地为北京、上海、台北）；6月，联合日本星野集团（Hoshino Resort），推出了包括北海道、东京、京都、九州、冲绳等地，有奢华温泉、高尔夫健身、海岛度假等主题的系列日本深度度假体验产品，以自由行、2人私家团为主，灵活性较大；8月，与四季酒店合作，推出“四季酒店·环游世界33天体验无限奢华”高端行程；9月，发布《南极顶级游指南》。

2014年4月，上线125万环游世界80天；8月，推出夏威夷私岛顶级“百万婚礼”；同时在下半年，鸿鹄逸游提出了标准+私家团定制路线，在标准产品的基础上进行弹性定制，为高端客群提供既高效又个性的旅行解决方案。2015年2月，推出“一生和你一起旅行”情人专题；3月，鸿鹄逸游推出环游世界80天；4月首推环游世界亲子版，并成为首批半岛酒店集团特选旅行社伙伴计划成员；12月，推出“春节特辑·全球高端经典游”，包含众多亲子家庭游等线路，发力高端家庭亲子游。

2016年12月，推出101万环游世界60天，精选了小众目的地，比如南美、加勒比等。

2017年3月，推出了短期赏花主题游；5月，获得春季蓝莓评测高端旅行定制冠军；8月，推出秋季高端“枫”情之旅，分别推出赏枫长线和赏枫短线；10月，推出北极至南极·银海邮轮纵贯地球 88 天；11 月，与银海邮轮合作，开展同北极到南极等六条航线的旅游服务体验。

2018 年 1 月，推出高端之旅蜜恋新年，同时进行了业务和版面的调整，目的地分类的基础上增加健康游、海岛游、极地游等旅游方式，新增奢华酒店套餐、豪华周末游等内容。

2019 年 7 月，推出 2020 年环游世界 55 天，同时发布《高端（奢华）定制旅游产品与服务标准》；11 月，参加第二节中国国际进口博览会；同时也在 2019 年与奢华旅游品牌 Abercrombie&Kent（下简称“A&K”）、美国国家地理共同打造境外产品，而目前也已经推出了多条线路产品。

三、企业分析

1. 定位高净值人群，受众群体呈年轻化趋势

在太美时期，其定位主要是顶级富豪、顶层的企业家，比如马云，在携程和太美共同运营后，将目标市场定位于高净值人群，可支配投资的资产在一千万元人民币以上；而随着时间的改变，其市场群体逐渐开始年轻化，由最初的 45~55 岁、夫妻、北上深等一线城市的企业家，转变为更加年轻的、30~50 岁、单身或者朋友、企业高管等①；与此同时，家庭又占据主流，女性在消费中的决策作用越来越明显，女性比例明显上升，超六成预订人为女性②。

2. 追求服务品质化和产品规模化发展

早在 2013 年，就有大概 60% 的客户选择标准化产品，超过 20% 的客户选择在标准化基础进行微调③。在 2014 年也提出了在标准产品的基础上进行弹性定制，寻求既个性化又高效的产品线路。目前，鸿鹄逸游 70% 的旅行产品来自提炼出共性并经过精心设计安排的标准行程，20% 为全定制产品，10% 是在标准行程的基础上做微调④。尤其是在2019年发布了《高端（奢华）定制旅游产品与服务标准》，认为高品质的旅游需要有可衡量、可量化、可复制、检验单额标准，从酒店、用车、导游服务以及供应商服务几个方面给出了标准，同时也将定制旅游产品分为三种，一是泛定制（根据某一类客户需求定制的鲜明主体化产品）、半定制（客户在标品上进行微调）以及全定制（根据客户需求）。同时，鸿鹄逸游也借助携程大数据的优势，利用 AI（Artificial Intelligence，人工智能）技术来提高效率，但同时鸿鹄逸游一直寻求与高标准的酒店、邮轮等进行合作，为游客提供优质的服务。

---

① 经济日报.鸿鹄逸游数据显示：高端旅游产品女性占消费主导权［EB/OL］.［2019-07-02］.https：//baijiahao.baidu.com/s?id=1637961081090786129&wfr=spider&for=pc.

② 美通社鸿鹄逸游发布 2019 秋冬高端旅游趋势报告.［EB/OL］.［2019-09-29］.https：//baijiahao.baidu.com/s?id=1645998056452350244&wfr=spider&for=pc.

③ 速途网.携程“鸿鹄逸游”发布 2013 全球 10 大高端旅行线路［EB/OL］.［2013-01-31］.http：//www.sootoo.com/content/392320.shtml.

④ 环球旅讯.鸿鹄逸游：高端旅游将步入比耐力、执行力以及服务深度的阶段［EB/OL］.［2019-07-09］.https：//mp.weixin.qq.com/s/LRve-YxbrrIZzlFPGoN3QQ.

第三节　B2B 模式：6 人游、路书

一、6 人游

（一）6 人游简介

6 人游旅行网于 2013 年 6 月 6 日上线，是一家提供中高端定制旅行服务的在线旅游服务商（Online Travel Service），通过旗下网站 6 人游旅行网、微信公众号、APP 获得客户和销售机会，同时，由 6 人游定制旅行顾问在系统后台为用户提供满足其需求的全程旅行服务，包括行程线路规划、签证、机票、酒店、当地用车导、门票等打包预订等全程旅游服务保障。

（二）6 人游特点

1. 提倡小团组，定位中高端

6 人游主打小团定制旅行，6 人既可以是 2+2+2，也可以是 3+3，还可以是 6 个 1，可以是朋友，也可以是家庭，但在实际业务中，6 人游并不只局限于此。像 6 人游提出的定制旅游三大标准：一是私密旅行，只属于家人、朋友的旅途时光，适合家庭、朋友的私属定制旅行，二是量身定制 1 对 1 旅行顾问量身设计行程，三是全程保障 7×24 小时全程保障服务；同时，6 人游的用户家庭是年收入在 50 万元以上的人，为他们提供“司机 + 导游 + 整体行程打包”的出境中高端定制游服务，其中每个团在 4~6 人。

同时，6 人游通过“去高端化”——降低产品单价，以及微信朋友圈的广告投放来吸引追求品质、注重个性化的中产阶级。目前，6 人游已经累积了数百万的中高端消费人群，其中 200 多万的微信用户是 6 人游的核心客源，用户生命周期复购可以做到 70% 左右[①]。

2. 重服务，轻路书

6 人游主要为中等收入家庭提供小包团服务，通过可靠的地接服务，为游客提供无障碍的旅行，与强调去人工的旅游服务商不同，不单纯提供路书或者在 C 端招募导游，6 人游不选择个人供应商，只采购当地旅行服务机构的服务做地接业务。目前其业务覆盖了全球各洲，数据库积累了 5 万多个活动项目及 POI 点[②]。

---

① 李惠琳 . 6 人游冲刺［J］. 21 世纪商业评论，2019（11）：62-63.

② 36 氪 . 互联网改变不了的慢生意里，定制游品牌“6 人游”如何稳定增收？［EB/OL］.［2019-06-20］. https：//36kr.com/p/1723799666689.

3. DMS 系统

在技术上，6 人游应用自主研发的“DMS（Database Management System，数据库管理系统）系统”，基于海量行程方案、旅游 POI 数据等，通过持续循环的数据采集、积累，形成独特的大数据引擎，通过大数据来找到目标人群，匹配用户需求，高效智能地完成行程设计、旅游预订等服务，满足个性化、分散化、升级化等旅游用户的需求。

（三）企业事迹

2013 年 6 月 6 人游旅行社网上线，在前期 6 人游融资稳定，投资方包括险峰华兴、泰山兄弟、华创资本、达晨创投、众信旅游、同方创投等。

2016 年 4 月，6 人游上线了针对同业的独立新品牌——“新定制”，是以非标准化需求为导向的 B2B 订单管理系统，在 2016 年就已经吸引同业用户超过 4500 家。5 月，6 人游入驻携程，用户和收入迅速增长，仅数月来自携程的订单数量一度占到总订单量的 40%[①]。

2017 年 2 月，携程与 6 人游停止合作，6 人游通过自有渠道进行运营，并逐渐掌控获客和转化通道，目前，订单中 95% 都来自自有网站、APP、小程序。3 月宣布打造 6.6 定制旅游节，并提出“定制旅游”3 大标准。10 月，6 人游完成了新三板挂牌，在首次定增募资 4000 万元后，其估值达到 4 亿元[②]。

2018 年 4 月，6 人游旅行网披露了 2017 年财报，2017 年利用平价定制直击直客市场，数据显示，2017 年营业收入 1.45 亿，增长 144%，毛利率为 7%，直客收入达 80%，2016 年占比为 62%。5 月，6 人游与世界高端旅行品牌 Abercrombie & Kent（简称 A&K）展开合作，开发小众目的地的深度产品。12 月获世欣荣和个人投资者投资 1500 万元人民币。

（四）2019 企业动态

2019 年 2 月，6 人游宣布终止挂牌，创始人兼 CEO 贾建强曾解释，新三板征程已经完成了公司在早期阶段规范化和制度健全的任务，下一步可以快速灵活调整来适应新的资本市场诉求。

5 月，与新西兰旅游局共同分享新西兰小众目的地，推动小众定制线路。

9 月，与旅行箱舒提啦在北京各大中高端住宅、写字楼联合投放广告，延展旅行周边产品，为中高端人群提供旅行增值服务。

12 月，定制旅游网站 6 人游旅行网就联合《上新了·故宫》推出 6 人游严选频道，上线节目中推出的故宫文创产品，正式拓展电商频道。

加大品牌投放，为客户提供增值服务。2019 年，无论是与旅行箱舒提啦的联合广告投放，还是上线 6 人游严选频道，6 人游都在为客户提供增值服务，不仅为旅行箱舒提啦带来了提升效应，也实现了对自身中高端客户的精准投放，在广告投放

① 李惠琳 .6 人游冲刺［J］.21 世纪商业评论，2019（11）：62-63.
② 李惠琳 .6 人游冲刺［J］.21 世纪商业评论，2019（11）：62-63.

的同时，该旅行箱也上线了6人游严选商城，同时6人游严选商城中也有睡衣、洗漱包、旅行便携电热水杯等旅行周边产品，提供更有价值的增值服务。

二、路书

（一）路书简介

路书（北京）科技有限公司，简称路书，是创立于2014年的为旅行社和定制结构服务的SaaS（Software-as-a-Service）旅游科技公司，主要为B端的企业、定制机构提供线路设计和知识管理。路书以"赋能旅游人"为宗旨，以人人都是旅行设计师为愿景，为客户提供技术、人才、品牌和市场的全套解决方案。路书主要通过智慧系统（路书云）、智慧学院（定制师来了）、智慧营销（定制师头条）的全套解决方案，为定制游机构解决获客营销、人才培养、行程服务效率、供应链整合等行业痛点。同时，主要靠收取SaaS系统会员服务费、定制师来了的课程费用以及增值服务费等盈利。

（二）路书品牌

1. 智慧系统——路书云

智慧系统——路书云（Travel Operation System，TOS）定制旅行工作台（简称"路书云"），是以互联网技术为核心的SaaS系统，能够有效地帮助定制师和机构管理客户多变需求、提升行程编辑效率、提高客户体验度、搭建内部数据库和培养新人。

路书云TOS是80%人工+20%智能的行程规划系统，定制师和机构可以运用系统编辑行程、打通内部沟通壁垒、对接资源。路书云系统通过模块化形成编辑系统，可以多模块任意组合，其次会形成智能排版，可以一键导出高颜值路书；行程费用自动核算，大大地提高了效率。多部门协作，订单随时随地有人跟进，定制游机构可以实现协同办公，不同部门可共同推进同一项目；同时动态管理能精准记录项目进程，支持一个项目多方案模式，鉴于订单管理。CRM助力企业快速搭建客户管理体系，CRM（Customer Relationship Management，客户关系管理）系统可以记录用户偏好，构建用户画像。同时其提醒功能可以及时进行客户跟踪、回访、合理分配人效，可以建立完善的客户关系网，盘活用户提高用户黏性。

上线后为行业解决了定制效率、传统业务和互联网接轨、进行机构知识管理，缩短培训周期降低人才流失等问题，而截至2017年，已经有超过1200家机构使用路书，同时有大概4000独立定制师①。路书云系统的旅游资源库有600万+目的地资源及优质供应商资源，同时在旅游资源库中设置了旅游局专区，可获得最准确的目的地信息，目前已与中青旅耀悦、优耐德、大眼睛旅行、新景界·麦趣自由行等企业有合作案例。系统的版本有三种，一种是基础版，仅支持担任使用，可免费使

① 环球旅讯．定制游SaaS平台路书完成A轮融资，定制的技术与旅游的温度如何共存？［EB\OL］．［2017-04-17］．https：//mp.weixin.qq.com/s/ScAK1zNkii-qjN0pl8_LVQ.

用，但是行程编辑平台部分功能受限，比如项目数量最多只能做 3 个，同时其他功能比如素材库，不能使用；二是高级版，支持多人协作，收费使用，但部分功能受限制；三是定制版，支持集团定制化开发，行程编辑平台、素材库、专属品牌定制、客户管理等功能均能使用。

2. 智慧学习

智慧学习——“定制师来了”教育品牌，是国内首家专业的定制游知识分享平台，通过与旅游院校、企业、协会合作，以理论 + 实战的模式，帮助定制师快速提升知识与专业技能，打造个人品牌，拓展价值人脉，帮助定制游机构解决机构人才瓶颈。其适合旅游机构管理层、旅行定制师、销售、旅游达人、创业者、旅游院校师生等人群。

目前，定制师来了有四类课程：一是 live 轻课堂，主要是入门技能知识。旅游知识在线分享，内容涵盖目的地知识、交通、签证、法律等多个板块，帮助你随时随地轻松掌握职场必备技能。二是定制游创新营，线下集中式定制游内容分享，通过邀请资深大咖，拆解实际案例。三是全球旅课，是高级体验式的考察。通过开展实地考察和案例分析，深入了解目的地，同时还可以对接一手目的地资源。四是企业内训，针对企业战略发展需求，量身定制企业专属企业体系，解决人才培养问题，降低人员成本消耗，提升员工业务能力。

定制师的人才资源缺乏，2018 年，携程创办中国首家专业定制培训“学校”，途牛也上线《定制师来了》旅游直播节目。碧山也曾推出过知识付费讲堂。路书采用的是专业的知识分享平台，通过自己中立的身份邀请不同定位、不同背景的大咖进行亲自教学，比如鸿鹄逸游 COO（Chief Operating Officer，首席运营官）郭明、中青旅耀悦副总经理宋轩等，依据机构不同的品牌和业务开展不同的培训；同时，其课程内容全面，覆盖了从入门到高级、从理念到方法、到实际操作。另外，路书的合作机构覆盖广泛，有鸿鹄逸游、众信旅游优定制等，也有很多非旅行社行业的跨界机构，在合作的同时，路书本身也延展了很多跨界型、主题型的内容。

3. 智慧营销

智慧营销——“定制师头条”APP，首创资讯营销 + 销售获客 + 游客大数据分析的立体营销模式，帮助定制师、目的地、品牌方实现多维营销，精准捕捉流量，提升命中率，有效提升订单转化。通过线上线下分享会、巡回沙龙、路书官方媒体矩阵和社群，帮助定制师、目的地、品牌方实现多维营销。路书在帮助定制师延展“定制游 +”的品牌人设外，也为跨界渠道提供“+ 定制游”的合作模式。目前，连接定制师与跨界流量渠道的开放平台项目——“路书 X 计划”，已经与金融和汽车领域的多个平台进行了初步的合作。

（三）企业事迹

2014 年 7 月，路书科技创立在纽约，是全球首个个性化旅游行程规划技术公司。11 月，路书科技团队回国，成立路书（北京）科技有限公司，并针对 C 端自主研发了信息收集和整理系统，并实现了个性化旅行信息和全球 400 多万旅行兴趣点数据的打通。

2016 年 6 月，路书由 C 端转向 B 端，推出了定制师版系统——路书云 TOS，为专业的定制师、旅行社计调、旅行社产品经理等 B 端用户提供服务，将设计能力和基础数据开放，提高定制旅游的效率。12 月，正式发布路书云 TOS 系统，推出了《旅游目的地助力计划》，路书通过获得各大旅游局的授权，链接旅游目的地和定制机构。路书与乐游旅游签署战略合作协议，会在系统技术升级、大数据运营、人才培养和市场推广四个方面展开合作。

2017 年 4 月，完成 A 轮投资，投资方是凯思博投资。8 月，路书发起定制游供应商联盟，成立“路书特约之定制游供应商联盟”，为定制师链接优质供应商，助力解决中小机构在资源上的问题。9 月，路书成立上海办公室，开始大力发展华东市场。10 月，路书与西澳大利亚旅游局签署战略合作备忘录，在目的地内容和人才培训两个方面展开合作。11 月，路书与由专注出境和 B2B 的中国出境旅游交易会（COTTM）推出了“定制游专区”。

2018 年 5 月，路书科技教育事业部总监在 ITB China（International Tourismus Boerse Berlin，柏林国际旅游交易会）上发布了首本定制游教材《定制旅游与定制师》。7 月，“定制师来了”与 A&K（Abercrombie & Kent）推出中国首个高端定制游交流学习的“全球旅课”首期课程，来自 15 家国内的优秀高端定制旅行机构的高管学员们在旅途中展开交流及合作，共同探讨高端客户群的体验环节、南亚高端资源筛选标准等。10 月，路书与广东成团率高的传统旅行社新景界达成战略合作，两者结合路书云、定制师来了等助力新景界的内部发展，同时建立大数据运营中心，在系统升级、大数据运营、人才培养以及市场推广四个方面展开合作。

2019 年 9 月，获得泛泰创投和兴旺投资千万元级人民币投资，路书称本轮融资将用于路书智慧定制平台的战略升级以及新项目的研发推广。

从路书的动态来看，一是积极开展目的地布局，强大的资源库是路书定制的基础，路书通过不断加深和各目的地旅游局的合作，为定制师提供权威的信息，比如与西澳大利亚旅游局的合作，目前路书云已经拥有 600 万 + 优质目的地资源。二是专注定制师教育，从“定制师来了”成立后，路书就不断地邀请行业大咖做演讲，同时开设实践课堂，比如与 A&K 共同开展的“全球旅课”。三是利用自身优势赋能各景区和目的地，在数据运营、人才培养、系统升级以及市场推广四个方面开展合作，助力企业实现内外部的发展。

第四节　C2C 模式：8 只小猪

一、8 只小猪简介

8 只小猪，是一个 C2C 模式的主题旅行达人预约平台，旨在解决人们深度出境游的问题，打造除跟团游和自由行外的新旅行方式。在团队上，黄卓生是 8 只小猪创始人兼 CEO，在腾讯工作七年，同时其联合创始人陈勇则具有 20 年旅游从业经验，其 60% 的员工来自腾讯，均是具有互联网思维的人才，而其线下团队是由自身旅游从业者和海归旅游达人组成，互联网 + 专业人士的组成为 8 只小猪的发展奠定了基础。在模式上，8 只小猪不生产玩法，所有线路都由达人和游客共同形成。在早期，8 只小猪通过传统旅行社的海外资源和本地线下交流会招募达人，同时会有达人身份的审核，行程可追溯，且达人在行程结束 7 天后才能够进行提现。而目前，8 只小猪的达人有八成是自身的积累，另外通过媒体传播，会吸引感兴趣的达人入驻。在目标市场上，8 只小猪的目标用户主要是白领阶层，其价格处于中位，比一般跟团游稍高，同时又比高端定制价格低。

二、企业事迹

2015 年 3 月：8 只小猪成立，获得 1000 万元人民币天使投资。

2015 年 10 月：8 只小猪旅行平台正式上线，并于上线当天与太平洋保险（601601）、银之杰科技（300085）分别签署战略合作协议。

2016 年 1 月：8 只小猪同慧择保险达成合作，为游客提供出境安全保障，涵盖的险种更齐全，服务覆盖范围更广。现阶段，从 8 只小猪旅行平台成功出行的游客都能享受到保额高达 200 万的出境险，让旅途更有安全保障。

2016 年 3 月：8 只小猪与途牛旅游网达成战略合作，携手发布途牛在线向导预约平台。据了解，双方合作内容涉及自由行目的地服务环节，8 只小猪将与途牛共享目的地向导资源，途牛则将把更多用户导向个性化旅游，进一步推广 8 只小猪提供的定制化向导服务。

2016 年 6 月：8 只小猪推出海外名校游学项目，通过“学长带游”方式，连接全世界名校留学生和国内游学家庭，旨在从“学”的本质上重构游学形态。同时，8 只小猪上线了直播功能，为当地人展示本地的独特景色和文化提供了窗口。

2016 年 8 月：8 只小猪完成 Pre–A 轮融资。目前，8 只小猪的主营方向是为中国游客提供海外的当地人带游服务。包括中文导游、当地留学生、华人华侨等在内的当地达人在该平台与游客对接，游客可以享受由达人提供的个性化旅行路线服务。强大的团队基因和对共享经济的深刻理解，使得8只小猪成为首家“达人收入破百万”的当地向导预约平台。

2016年12月：8只小猪与QQ浏览器合作开启跨年直播。

2017年4月：8只小猪宣布推出“全球马拉松体验”项目，并联合运动社区平台悦动圈，会聚全球热爱马拉松的人，筛选世界各地专业马拉松运动员，为他们提供赛前踩点、赛中陪跑、赛后恢复以及城市游览等服务。

2017年8月：8只小猪旅行平台与中信银行深圳分行达成合作，将为中信用户提供以当地人特色为主的自由行服务。双方将在用户服务、信用卡商城、游学服务、员工福利4大方向上展开合作。

2017年9月，8只小猪与共享充电宝来电科技达成战略合作，将来电科技的共享充电宝设置在8只小猪平台上的目的地国家。

2017年10月：美国赌城拉斯维加斯曼德勒海湾酒店及赌场外一个露天音乐节发生枪击事件，8只小猪立即启动紧急救援响应机制。

2018年6月：8只小猪与出境游餐饮供应商途中美食进行了合作。

2019年11月：8只小猪完成数百万美元融资，由新的战略总裁与新的投资机构领投，上一轮战略投资人等跟投。

三、企业分析

（一）注重安全体系的建设

无论是对于旅游，还是对于C2C平台来说，游客的安全问题是非常重要的问题。首先是在达人的筛选上，达人身份需要进行认证，并在行程结束7天后才可以进行提现操作，同时8只小猪会全程跟进游客与达人的沟通情况。其次是在自身信用体系的建设上，在成立之初，8只小猪平台就引入了央行的征信体系，同时通过公安部个人身份验证来保证双方的安全。另外，8只小猪积极与各大金融公司进行合作，比如慧择保险、太平洋保险、银之杰、中信银行深圳分行等，并且用先行赔付体系来保障游客的利益。平台推出了百万保障金计划、全球保险直付保障计划、无引导消费保障计划、免费行程定制服务保障等来保障游客的出行安全。2017年在美国赌城拉斯维加斯曼德勒海湾酒店及赌场外一个露天音乐节的枪击事件中，8只小猪通过多部门协作，在确认游客和达人的安全情况后，免费为游客退订因此事件受到影响的订单。

（二）8只小猪布局游学领域，探索“旅游＋直播”，深耕内容

8只小猪通过吸纳哈佛、麻省理工、剑桥、牛津、耶鲁等全球TOP50名校的留学生的加入，通过留学生的分享来了解留学消息，比如留学资格、学习环境等，其游学项目以体验纯正校园文化为起点，通过校园浏览、校园美食小组活动、公开课等环节，为游学家庭提供更加详细的信息。同时，8只小猪一直积极布局“直播”，直播能够带来真实的观感以及深入其中的体验，同时还能够增强用户黏性。8只小

猪于2016年上线直播功能，同时又和凤凰科技、虎牙直播、易直播达成合作，共同推出达人旅游直播栏目；与QQ浏览器合作进主题直播，吸引了大概180万的用户观看；与凤凰科技合作推出境外达人直播栏目《环球tech行》，由专业领域的达人深度带领观众体验当地特色内容，吸引观看人数超过500万。此外，8只小猪还与飞猪进行内容合作，入驻旅行头条，为飞猪提供优质当地攻略近700篇，涵盖马德里、巴塞罗那、多伦多、巴黎、里昂、曼彻斯特、毛里求斯、布达佩斯等80多个城市。

同时8只小猪不断与OTA们进行合作，比如途牛、去哪儿、携程等。8只小猪是携程海外用车的供应商，同时又与深圳航空、凤凰科技联合推出新奇职业体验活动等，不断寻找新的方式、新的玩法。

第七章
在线短租类旅游电商

第一节　2019 年在线短租类旅游电商发展概述

一、共享住宿热潮退散[①]

共享住宿的热潮在 2019 年似乎冷却了许多。据铅笔道对国内 17 家主要的共享民宿短租企业的统计数据显示，过往披露的总融资次数有 45 起。2015 年，这 17 家共享民宿短租平台共拿到了 8 笔超 33.33 亿元人民币的融资；2016 年，共拿到了 10 笔超 5.55 亿元人民币的融资；2017 年，共拿到了 9 笔超 31.1 亿元人民币的融资；2018 年，共拿到了 7 笔超 23 亿元人民币的融资。

但在 2019 年，却只有易民宿和木鸟短租分别在 2 月、5 月完成了一轮融资，前者 Pre-A 轮且未披露金额，后者只披露了数千万。实际上，伴随着整体融资环境的趋冷，短租行业确实迎来了寒冬。

曾在新三板挂牌的住百家最先体验到了冬天的严酷。2018 年 6 月，住百家未及时披露年报，欠薪员工。7 月 9 日，在新三板挂牌两年多的住百家被摘牌。随后，住百家关停除海外住宿预订以外的所有业务，CEO 张亨德被纳入失信被执行人名单，住百家被列入失信被执行企业。

---

① 铅笔道 . 5 年吸金 93 亿，今 3 家头部谋上市：共享民宿短租风口要上岸了？[EB/OL].[2019-10-02]. https：//www.traveldaily.cn/article/132109.

二、头部企业"谋上市"①

目前，就共享住宿类企业的体量而言，爱彼迎、途家、小猪短租毫无疑问是处于这一行业前列。

长期以来，Airbnb 都是全球最大的共享短租企业。根据官方数据显示，在全球10 多万个城市中，Airbnb 的房源数量超过了 700 万。2019 年 8 月期间，其单夜房客入住量曾创下超 400 万人次的纪录。2019 年第二季度，Airbnb 营收超过 10 亿美元，这是其历史上第二个季度收入超过 10 亿美元，截至 9 月 15 日，房东在 Airbnb 上共享房屋和空间的收入已超过 800 亿美元。同时在资本加持下，成立不到 3 年的Airbnb 估值已超过 10 亿美元。到 2017 年，在完成了 10 亿美元的 F 轮融资后，总融资达 44 亿美元，公司估值达 310 亿美元。

这之后，关于 Airbnb 上市的消息层出不穷，公司高管也曾公开过上市计划，只是上市时间却一再推迟。虽然 Airbnb 上市日期还不确定，但共享民宿短租平台似乎要进入"上市元年"。事实上，在 Airbnb 准备上市期间，"上市"一词已经成为共享民宿头部平台的高频词。

2018 年 7 月，国内民宿短租领域的头部企业途家新任 CEO 杨昌乐在接受媒体时就表示，途家可能会在 2019 年末 IPO（Initial Public Offering，首次公开募股），从途家的股权结构来看，更可能是赴美。2019 年 3 月，杨昌乐在谈及公司上市计划时再次表示，目前已在准备状态，应该不会太久，未来可能在海外上市。

与此同时，国内另一家民宿短租领域的头部公司小猪短租也已经发出正筹备上市的信号。2019 年 4 月，小猪短租 CEO 陈驰表示，未来公司肯定会有上市的计划，不同的上市路径都会考虑，并且其作为中国的企业，期望能够在国内上市。

显然，2019 年共享住宿行业的"领头羊"们，各自奔赴在各自的上市之路中。

三、"僧多粥少"的存量竞争②

作为存量市场，国内房源正处于"僧多粥少"的局面。在线短租平台行业，拥有房源意味着拥有掌控力，也是实现规模化的重要因素，如何留住房东，是短租平台生态建设不可回避的问题。

速途研究院数据显示，2018 年，我国共享住宿平台上的房源达到 350 万套，覆盖国内近 500 座城市。截至今年 7 月，Airbnb 在中国市场已经超过 15 万套；途家网全球房源数量已经超过 120 万套，国内市场超过 80 万套；小猪在全球 700 多座城市已经超过了 80 万套房源；木鸟短租房源数量超过了 70 万套；从 2017 年 4月上线至今的美团旗下的美团民宿，也覆盖了国内 300 多个城市，房源超过了 35

① 铅笔道 . 5 年吸金 93 亿，今 3 家头部谋上市：共享民宿短租风口要上岸了？［EB/OL］.［2019-10-02］. https：//www.traveldaily.cn/article/132109.

② 铅笔道 . 5 年吸金 93 亿，今 3 家头部谋上市：共享民宿短租风口要上岸了？［EB/OL］.［2019-10-02］. https：//www.traveldaily.cn/article/132109.

万套。

房源紧张的同时，现在各平台房源重复率高也是一大问题。据《中国景区民宿市场研究报告 2017》统计，为了提高民宿的利用率和曝光率，43.6% 的景区民宿房东会选择 4~6 个线上平台进行产品投放。另从平均投放平台数量来看，整体线上平台平均投放数量为 3.7。

另一方面，行业已经进入整合期，且“站队”趋势明显。2016 年 6 月，途家战略并购蚂蚁短租。2017 年 4 月，美团的榛果民宿上线；11 月，阿里云锋基金领投小猪短租 E 轮融资，携程则持股途家为其股东之一。2019 年 2 月，携程与蚂蚁短租推出有家民宿。

各大酒店也开始进入战场。在 2017 年，海南国商酒店管理有限公司 1 亿元人民币投资了新三板上市企业住百家，凯悦酒店集团 2017 年投资了高端房屋租赁平台 Oasis Collections，雅高集团 2016 年 4 月以 1.48 亿欧元收购了高端短租公司 One fine stay。在 2019 年，OYO 酒店又收购了千屿 Islands。

四、由量到质转变下的共享住宿市场①

伴随着民宿市场的快速变化，行业标准的出台总是稍显迟钝。民宿房源的审核机制频频“亮红灯”，共享住宿也走到了品质化发展的关键时刻。

为巩固共同建立的值得信赖的社区，建设更有效的信任机制，爱彼迎在全球范围内推出了 4 项全新举措：一是 100% 房源核验。爱彼迎将与社区成员一道对平台上超过 700 万个房源的准确性和品质等展开进一步的核验工作，并计划在 2020 年 12 月 15 日前 100% 完成审核工作。二是房客保障。从 12 月 15 日开始，如果入住的房源不符合平台的相关标准，爱彼迎将重新为房客预订同等或更高价格的新房源，或者全额退还房客的预订费用。三是开通快速响应热线。四是高风险预订人工审核，即针对被平台风险预测模型所标记的高风险预订，爱彼迎将进行额外的人工审核。这些举措都将在 2020 年内推广到全球市场。

途家也宣布，全面升级线上房源审核机制，将对线上房源进行新一轮核查验证。升级后的审核机制除了增加对个人房东的人脸识别、信息公安系统校验外，还重点加入了对房源资质的人工审核，确保房东、房源信息的准确合规性。

小猪短租开启用户黑名单机制，并在国内主要城市与公安部门联合举办房东培训、向房东免费发放安全经营手册。未来，平台还将加强技术研发，用刷脸入住门锁、物联网智能家居等手段提升住宿品质。

---

① 中国旅游报 . 民宿如何成为消费者的安心之选［EB/OL］.［2019-11-14］. https：//www.traveldaily.cn/article/132907.

小猪 . 小猪 CEO 陈驰：安全是民宿生命线，小猪已开启黑名单机制［EB/OL］.［2019-06-19］. https：//www.traveldaily.cn/article/129863.

第二节　途家

一、企业简介①

（一）企业概况

途家民宿，全球领先的民宿短租预订平台，于2011年12月1日正式上线，致力于为客户提供丰富、优质、更个性的出行住宿体验，同时也为房东提供高收益且有保障的闲置房屋分享平台。

目前，途家已经覆盖国内400个城市地区和海外1037个目的地，在线房源超过230万套，包含民宿、公寓、别墅等住宿产品及延展服务，可满足以“多人、多天、个性化、高覆盖”为特征的出行住宿需求。

凭借旗下途家网、蚂蚁短租、携程民宿、去哪儿民宿、大鱼自助游五大平台的海量用户入口，途家为房东和房客提供高效运营及贴心的服务；通过最简便高效的“途家管家”，使房东在免费发布房屋信息、轻松赚钱的同时，还可与来自世界各地的房客相互交流分享。

途家专业的房东保障计划及经营指导，免去房东们的后顾之忧，使分享赚钱更省心。2017年，为了帮助更多的闲置房源发挥价值，途家创行业之新潮，推出了RBA（自营业务）服务，从上房订价，到布草洗涤，利用智能物联，结合全方位的管家业务，为房东们提供了“一键托管，轻松入账”的卓越服务。

图7–1　途家logo

（二）投融资情况

资本市场方面，随着国内分享经济的逐步升温和途家民宿预订业务的不断增长。2017年10月8日，途家民宿线上平台完成E轮融资，总估值超过15亿美元。

① 途家网［EB/OL］.［2019–10–25］. https：//content.tujia.com/tujiajianjie.htm.

2015年8月3日，途家民宿完成了D及D+轮融资，总估值超10亿美元，正式进入互联网行业的10亿美元“独角兽”俱乐部。2016年6月6日，途家民宿宣布战略并购蚂蚁短租，进一步强化了住宿分享市场的领导企业优势。2016年10月20日，途家宣布战略并购携程、去哪儿公寓民宿业务，2018年1月，大鱼自助游加入途家，正式形成“携程民宿、去哪儿民宿、途家、蚂蚁短租、大鱼自助游的民宿短租入口”五大平台的矩阵，形成新途家集团。

二、2019年度大事记

2019年1月：途家网与精品民宿品牌路客宣布深化战略合作：路客将作为途家重点签约的城市民宿品牌，持续为途家输送更多的精品房源，途家则从线上线下给予路客更多的平台资源和流量扶持。28日消息，工商信息显示，近日途家网网络技术（北京）有限公司发生变更，罗军不再担任公司法定代表人，途家网CFO兼蚂蚁短租CEO王枫接任。2018年，得益于行业迅速发展和政策扶持，途家预订订单量是2017年的近4倍，在线房源超过140万套。30日，途家海外首次与日本垂直旅游类目的地——白马村——洽谈合作，后续途家将陆续接入当地众多的特色滑雪民宿。

2019年2月：26日，经途家董事会批准，杨昌乐将从即日起担任途家集团首席执行官（CEO）；罗军卸任途家集团CEO，将继续担任斯维登集团CEO及途家董事。

2019年5月：由途家民宿联合金山云打造的首套途家智慧民宿——景澜之智——正式上线。该民宿融合了人工智能、物联网、云计算等技术在民宿公寓服务方面的应用，可以满足从迎宾、睡眠、早安、影音、夜间、办公六大场景的智能服务。三亚市旅游民宿协会成立，途家民宿担任副会长单位。

2019年6月：19日，途家民宿与重庆两江假日酒店管理公司（以下简称“两江假日公司”）签订合资协议，双方将围绕民宿开发展开合作，并将资源、渠道、优势互补，有效推进互联网与民宿产业的结合。

2019年7月：途家任陕西省民宿服务行业协会副会长单位，赋能当地民宿业。

2019年8月：途家民宿与丰宁县签订合作协议，助力旅游扶贫公益。趣墅与途家民宿签署战略合作协议，作为途家别墅度假品类首批战略合作伙伴，双方将在品牌、产品、流量、渠道等方面进行深度合作。途家民宿举办日本房东交流会，与携程紧密合作赋能商户。途家宣布与路客进一步加深合作，路客将旗下更多样化的民宿产品全面上线途家；与途家旗下安伴智能门锁合作，实现入住人身份识别登记；通过途家平台向更多房东开放更专业化的民宿创建和运营服务；并与途家一起和各地政府密切合作，共同推进民宿政策尽快出台。截至8月底，途家民宿实现盈利，日间夜量破25万再创新高。

2019年9月：途家助力河南民宿“愚公志”，当选副会长单位。

2019年11月：途家民宿升级线上房源审核机制，房东、民宿将全部“持证上岗”，新系统已于10月研发完毕，预计12月正式上线。途家集团完成与智能门锁产品及服务提供商火河科技的业务整合。

三、战略剖析与企业解读

（一）途家自营商业模式①

伴随共享经济发展和消费升级，消费者出行时对高性价比和个性化的民宿需求量与日俱增。有数据统计，2016年到2018年，中国民宿行业日均间夜量年增幅均超过200%，预计2019年到2021年，民宿行业将继续维持100%以上的年增幅。

作为民宿领域综合服务商，途家自营致力于为整个行业的参与者创造价值，率先以“直营+加盟”“轻重结合”“一站式服务”等商业模式进行运作，业务覆盖上百家城市，已成为众多平台和服务商参考运作的有力典范。

途家自营作为途家集团内部孵化业务，主要专注民宿托管服务领域，拥有专业的房屋管理团队。2016年上线至今，托管业务已覆盖超百家城市，房源量达8000间，目前已成为全国最大的民宿行业服务商，也是民宿行业最专业的服务商之一。这是国内最早解决民宿房东管理、收益、自用等核心痛点的平台，通过采用分成模式保证业主收益最大化，全年平均收益可达到长租的近2倍。

1. 轻资产

途家自营则更专注自身擅长的民宿代运营业务，首先对房屋原本的装修风格不刻意重造，既不毁坏房屋也无须房东投入过多改造资本，降低了市场准入门槛和投资风险，短期内就能实现收益回报。相比于其他房屋托管品牌，途家自营这种“轻资产”的合作模式更得中小房东和投资人的青睐。

2. 重运营

“重运营”则主要体现在线上深耕运营，以及线下通过严格的管理制度组建地服团队上。

民宿经营中线上运营与线下服务的付出与收益难成正比。为了解决这个问题，途家自营独立开发出一整套运营管理系统，显示后台订单状态、收入、成本、损耗开支、保洁维护等各环节详细情况，数据准确透明，房东可远程实时查看；同时整合线上主流渠道，拥有独家流量入口，通过与携程、途家、去哪儿等9大平台打通，提高线上获取订单的能力；线下管理标准化进行细节控制，途家自营的运营团队、保洁团队以及维修团队，都坚持招聘和培训全职人员，保障民宿服务的稳定和优质。

此外，途家自营还另辟蹊径，制定了内部服务标准和奖惩制度，并花高额成本在各城市建立服务站点等，从服务端解决人效配比问题，实现让分散式房源灵活、统一管理。

---

① 环球旅讯．途家自营以“行业破局者”势头发展，独特商业模式成主推力［EB/OL］.［2019-03-21］. https：//www.traveldaily.cn/article/128145.

截至 2019 年 6 月，途家自营提前完成代运营房源突破 10 000 套的战略目标，成为中国民宿代运营领域首家房源量破万的服务商。途家自营业务已覆盖全国 100 多个城市，每月房源以接近千套的数量保持增长，旗下托管的房源也渐渐涵盖了豪华社区公寓、胡同四合院、洋房别墅等高档房源。通过深耕线上线下运营，收费模式仅以服务费抽点形式，确保让房东和投资者坐享更高额的收益。

而除了业务精细化管理、推多元化产品线满足多样民宿服务需求，途家自营还为民宿经营业者提供一条龙服务，包含房屋保洁、维修、线上商城等，积极开拓完善住宿业的供应链布局。

（二）科技赋能商家供应①

如何提升线上线下服务水平和运营效率、如何实现用户流量与房源的优化配比、如何树立适用于行业的服务标准，成了民宿服务领域下半场必须应对的挑战。致力于为民宿行业赋能的途家自营，通过产业供应链体系的搭建与改造、管理系统的优化升级，实现了降本提效，为行业走出了一条高质量发展之路。

自 2016 年开展代运营业务以来，途家自营用专业、优质、可信赖的解决方案，帮助更多房东和运营者持续创造着收益与价值。数据显示，2019 年 8 月，途家自营的民宿房源已突破 12 000 套，单周流水接近 2000 万。现阶段，自营房源的体量还保持每月千套以上快速增长，有超过七成的房源是来自于自然增长与合作房东的口碑推荐。

1. 科学高效的民宿经营系统

民宿代运营是途家自营的核心业务，通过整合分散式民宿资源，实现单体民宿规模化管理与服务全配套，在运营、保洁、采购、旅居增值服务等一系列环节构建出协同经营的供应链管理平台。

2018 年年末，途家代运营业务推出全新民宿经营系统，运用途家平台大数据，配合科学的数据分析模型，可以给全国城市一线运营者以精确的调价指导及经营情况预测，最大化提升房屋收益；同时，PMS 系统（Power Production Management system，设备管理系统）作为代运营系统的核心组成部分，承载着分散式民宿库存经营过程中所需的房态管理、房单管理、保洁单管理、住客信息管理、调房管理等功能，运营人员通过移动端、PC 端系统即可高效集中查看、管理多房屋，房东也能通过业主端经营日志，实时查看房态与收益数据。

2. 精准智能的保洁调度

途家保洁调度系统结合大数据对订单量进行有效预测，可以弹性调配保洁人员，如就近派发保洁单、人员分时段休息或培训等。该系统原则上优先服务自营民宿，对于有保洁需求的个体民宿商户、品牌连锁民宿鞥，也可以通过公众号“途家地面服务”来直接下单。如果升级为平台 VIP 民宿商户，还能获得节假日高峰时段

① 环球旅讯. 民宿服务领域打响下半场，途家自营：打造高效供应链是最优解［EB/OL］.［2019-08-28］. https：//www.traveldaily.cn/article/131428.

的派单优先权。

此外，途家保洁的调度系统还担任了“监督者”角色。据了解，途家自营的保洁人员上岗前都需要经过专业实操培训，学习一整套的SOP（Standard Operating Procedure，标准操作程序）流程，一共40多项检查标准，从查房、房屋打扫、清洁厨房卫生间等重灾区，到布草及短期易耗品铺设、检查拍照等环节都进行了严格规定。保洁清扫完毕，员工则通过视频、照片、文字描述等形式将卫生情况上传至调度系统，等待商户或途家质监部门抽检，不合格的将重新安排打扫，保洁人员也会受到相应处分或重新培训甚至直接淘汰等。

针对商户保洁服务，调度系统做出了进一步的功能优化升级：商户可以在下单后修改服务时间，并且一单可选择多次、多天服务，还可以备注重点打扫的区域等。

3.“技术分销模式”

从民宿开发签约、运营管理、清洁派单、远程客服，途家自营都具备流程化的系统操作。而随着托管房源数量增加，为了满足更加多样化的经营场景，实现裂变式销量增长，“技术分销模式”也应运而生。

让每个人都能推广自营民宿，都是分销商，这是7月上线“人人推”业务的初衷。房东或者运营人员在社交平台上分享“人人推”链接，客人通过链接预订房屋并成功入住后，房东即可获得佣金奖励。

途家“人人推（房东版）”上线不到半个月就已经产生超过8万的流水，单个房东最高返佣超千元。未来途家“人人推”还将升级为“全民人人推”，实现将民宿领域所有参与者、消费者均转化为民宿推广人员，以一带十，以十带百，以百带千，深度挖掘每一个人“六度人脉”的潜在商机，从而为房东带来更多收益。

此外，途家自营还在8月上线了旅游门票分销业务，通过与携程旅游票务平台的深度合作，获得更具价格优势的景点门票资源，房东也可以轻松向住客、朋友推荐，并获得不菲的抽佣收益。未来，该项业务还将实现旅游路线、用车、特产等产品的推广，全面提升房东收益和用户的一站式体验。

第三节　爱彼迎

一、企业简介

Airbnb是AirBed and Breakfast（“Air-b-n-b”）的缩写，中文名为爱彼迎。爱彼迎是一家联系旅游人士和家有空房出租的房主的服务型网站，为用户提供多样的住宿信息。

Airbnb 成立于 2008 年 8 月，总部设在美国加州旧金山市。Airbnb 是一个旅行房屋租赁社区，用户可通过网络或手机应用程序发布、搜索度假房屋租赁信息并完成在线预订程序。据官网显示以及媒体报道，其社区平台在 191 个国家、近 10 万个城市拥有超过 600 万套房源，为旅行者们提供数以百万计的独特入住选择。Airbnb 被时代周刊称为“住房中的 eBay”。

图 7–2　爱彼迎 logo

2015 年 2 月 28 日，美国短租网站 Airbnb 进行新一轮融资，计划融资 10 亿美元，投资方包括富达、TPG、T. Rowe Price（美国普信集团）、Dragoneer、Founders Fund（创始人基金）、红杉资本和俄罗斯 DST（Digital Sky Technologies，俄罗斯科技风投基金数字天空技术），估值将达到 200 亿美元。2016 年 11 月 1 日，国外媒体报道 Airbnb 对中国用户表示将在本地存储用户个人数据。

2017 年 1 月 27 日，Airbnb 首次盈利，公司营业额增长超过 80%。爱彼迎平台表示，严厉禁止“刷单”等滥用平台评价机制的行为，一旦发现有入驻平台的商家、房东存在违规，将会采取房源排名降低、罚款甚至永久下线、封停账号等措施。2018 年 12 月，世界品牌实验室发布《2018 世界品牌 500 强》榜单，爱彼迎排名第 425。

2015 年 8 月，Airbnb 正式宣布进驻中国，2016 年 11 月成立“Airbnb 中国”，中国区独立于亚太区运营。

二、2019 年度大事记

2019 年 3 月：Airbnb 全球客人超过 5 亿，为房东创收超过 650 亿美元。Airbnb 收购 Hotel Tonight。

2019 年 4 月：Airbnb 向 OYO（印度经济连锁酒店品牌）投资 1.5 亿至 2 亿美元。爱彼迎第一季度国内业务实现近 3 倍增长，中国战略持续加速。17 日，Airbnb 正式完成对酒店预订应用 HotelTonight（当日酒店预订服务应用程序）的收购。Airbnb 领投总部位于旧金山的小型豪华公寓租赁公司 Lyric 的 1.6 亿美元融资。Airbnb CEO Brian Chesky（布莱恩·切斯基）表示公司准备在今年晚些时候 IPO。

2019 年 5 月：Airbnb 和纽约市在数据共享问题上达成多项协议，Airbnb 同意上交该市 17 000 多个房源的半匿名房东和预订数据（包括敏感材料，如姓名和地址、银行账户详细信息和预订历史记录），还提供 2018 年 1 月 1 日至 2019 年 2 月 18 日期间纽约所有的在租房源的数据，这些数据可能违反了纽约市的短期租赁法。Airbnb 与石基签订了分销合作协议，借此增加 Airbnb 平台的酒店库存，并扩大了在中国市场的影响力。

2019 年 6 月：Airbnb 在日本已恢复至 5 万个房源，另有 2.3 万个酒店和传统客栈房源。Airbnb 体验首次推出了包括住宿、餐饮和娱乐活动在内的爱彼迎多天探险体验形式，由体验达人为用户提供独一无二的奇妙旅行体验。欧洲 10 个旅游城市（阿姆斯特丹、西班牙巴塞罗那、柏林、法国波尔多、布鲁塞尔、波兰克拉科夫、慕尼黑、巴黎、西班牙瓦伦西亚和维也纳）发布的联合声明表示 Airbnb 网站上宣传的短期租金正在损害其住房市场并抬高租金成本。Airbnb 推出奢华短租 Airbnb Luxe，融入礼宾服务。

2019 年 7 月：Airbnb 领投了门票预订平台 Tiqets 的 6000 万美元 C 轮融资。

2019 年 8 月：Airbnb 宣布收购了服务式公寓平台 Urbandoor。

2019 年 9 月：美国探索旅游网站 Atlas Obscura 近日宣布获得由 Airbnb 领投的 2000 万美元 B 轮融资。Airbnb 计划于 2020 年成为上市公司。

2019 年 12 月：Airbnb 参与投资了企业员工长租房源预订平台 Zeus Living 的 5500 万美元 B 轮融资，交易完成后 Airbnb 平台将接入 Zeus 房源。欧洲法庭裁定 Airbnb 为非房产中介公司，利好 IPO。

第四节　小猪短租

一、企业简介

（一）企业概况

小猪短租成立于 2012 年，是国内共享住宿代表企业，为用户提供民宿短租服务。截至 2019 年 5 月，小猪全球房源已覆盖逾国内 400 多座城市，以及海外 252 个目的地，拥有超过 5000 万活跃用户，在全国超过 20 座城市设有运营中心。目前，小猪全平台共有超过 80 万间房源，小猪的房源包括普通民宿，也有隐于都市的四合院、花园洋房、百年老建筑，还有绿皮火车房、森林木屋、星空房等。在小猪平台上房东可以通过分享闲置的房源、房间或是沙发、帐篷，为房客提供有别于传统酒店、更具人文情怀、更有家庭氛围、更高性价比的住宿选择，并获得可观的收益，而房客可以通过体验民宿，结交更多志趣相投的朋友、深入体验当地文化，感受居住自由的快乐。

图 7–3 小猪短租 logo

居住自由主义，是小猪奉行的企业理念。小猪将继续坚守美好的价值观，推动中国住宿方式的进步。

（二）公司业务

1. 商旅业务

2017 年 4 月 26 日，小猪推出了国内首个针对商务场景使用的短租产品，并在深圳召开新品发布会。深圳是此次小猪首个开放的商旅短租无障碍城市，之后，北京、上海、广州、成都、杭州等 20 个重点城市也陆续开放，并建立商旅服务体系。

2. 海外业务

2017 年开启海外业务以来，小猪房源已覆盖超过 200 个海外城市，其中日本、泰国等民宿盛行的国家业务增长较为明显。2018 年 3 月宣布与 Booking Holdings Inc 旗下的 Agoda（安可达）达成全球战略合作伙伴关系。双方将在房源打通、技术与服务、品牌营销等领域展开多项合作。

3. 揽租公社

2018 年 4 月 19 日，小猪正式宣布推出全新业务品牌揽租公社，为房东提供一站式的民宿短租经营解决方案，涵盖设计、软装、保洁、商城、物联网设备、智能化管理等环节。依托于小猪成熟的平台生态体系，揽租公社将打造智能化众包服务网络，为用户创造更丰富的参与共享住宿的方式，降低房东的经营门槛。

4. 管家服务

小猪从 2016 年开始为房东提供标准化的保洁服务，房东一键下单，小猪保洁团队上门清洁、换洗、消毒，还原屋内陈设，完成保洁工作后将照片上传至平台与房东。2019 年，有超过 6000 位小猪管家通过小猪平台，为数以万计的小猪及其他平台的房东提供保洁服务。在 2019 年 4 月，小猪管家的月订单峰值突破 25 万单，创下了小猪管家上线以来的峰值。

5. 摄影服务

小猪自 2012 年上线将实拍引入中国在线短租市场以来，截至 2017 年 11 月已组建了超过 300 人的摄影团队，遍布国内百余座城市，已为数万套房源提供拍摄服务。

二、企业投融资情况

2013 年 1 月 6 日：小猪短租网完成近千万美元 A 轮融资，投资方未披露。

2014年6月16日：小猪短租网宣布完成1500万美元的B轮融资。本轮融资由君联资本领投，之前的A轮投资方晨兴资本跟投。

2015年7月8日：完成6000万美元的C轮融资，本轮融资由愉悦资本领投，晨兴资本、中信资本、和玉资本跟投，以太资本作为财务顾问全程参与。

2016年11月：小猪短租完成C+及D轮融资，总额达6500万美元。其中包括今日资本2015年底的C+轮融资，以及由愉悦资本和BAI（贝塔斯曼亚洲投资基金）领投，晨兴资本、今日资本与和玉资本跟投的D轮融资。

2017年11月1日：小猪短租宣布完成1.2亿美元E轮融资。本轮融资由云锋基金领投，原有股东愉悦资本、晨兴资本、今日资本继续增持，泰合资本担任独家财务顾问。

2018年10月10日：小猪短租宣布完成新一轮近3亿美元的融资。此次近3亿美元融资是由云锋基金、尚城资本领投，新加坡政府投资公司（GIC）、愉悦资本、晨兴资本、今日资本跟投。

三、2019年度大事记

2019年1月：小猪发布年终数据报告，全球房源数量已突破50万，覆盖五大洲60个国家和地区，超过710座城市。

2019年5月：小猪举行发布会官宣影视演员邓伦成为全新品牌代言人，小猪联合创始人兼CEO陈驰透露将启动强品牌战略，以更大的投入讲好中国的特色住宿故事。马蜂窝旅游网与小猪短租在北京宣布达成战略合作伙伴关系，马蜂窝民宿频道已于日前正式上线，对接小猪房源，并引入小猪保洁、智能安全设备等配套服务。

2019年8月：海南省首个乡村民宿示范建设项目在海口市美兰区美帖村正式启动，该项目由海南省旅游民宿协会提出，由会长单位国内领先特色住宿预订平台小猪投资打造。

2019年9月：特色住宿平台小猪与天猫精灵共同推出一款面向民宿应用场景的产品——天猫精灵旅住智能管家，基于双方的战略合作共同打造标准化的民宿服务体验。小猪宣布携手飞猪，“猪”联璧合，推出超级品牌日活动，打造民宿品牌的“双11”狂欢节。

2019年12月：小猪短租凭借过去一年在民宿服务体系上的深度赋能以及老旧小区改造民宿的探索，荣获“2019中国旅游大奖优选美宿服务奖”。

四、战略剖析与企业解读

（一）农家乐向乡村民宿的升级[①]

通过对我国乡村民宿供给的研究发现，目前乡村民宿存在较明显的两极分化，

① 小猪短租. 用互联网模式激活乡村民宿　小猪短租瞄农家乐升级机遇［EB/OL］.［2019-02-28］. https://www.traveldaily.cn/article/127731.

一端为高价位精品酒店，另一端是体验较差的传统农家乐。这造成了市场供需的严重不匹配。因此造成高投入精品民宿成本回收慢、客源竞争激烈的现状，而大量农家乐则难以突破客单价低、顾客停留时间短、复购率低的困境。

为了将民宿供给与顾客需求相匹配，小猪将目光瞄准存量资源——农家乐和客栈的品质升级。通过对装修设计、卫生服务、基础设施设备等制定相应的制度和标准，实现现有农家乐、客栈的品质升级改造和配套服务优化，从而打造出一批体验与性价比兼备的乡村民宿，以撬动更大的市场需求。

2018 年 7 月，小猪与海南省旅游发展委员会就打造海南民宿乡村聚落品牌、建立乡村旅游扶贫示范点等方面达成战略协议。目前，小猪旗下的管家保洁体系、智能设备体系、软装设计体系等均已全面覆盖海南。同时，小猪联合创始人也出任海南省旅游民宿协会会长，通过搭建行业性平台，协同资源推动产业规模化发展。

（二）小猪“平台 +”战略——从共享住宿到特色住宿①

由共享住宿所引领的个性化居住方式已经走入大众，并成为消费者的核心诉求，做品质化的特色住宿提供者成为小猪下一步推进的重点方向。

特色住宿是比共享住宿边界更广的概念，包括乡村民宿、景区客栈、度假别墅等品类。品质化强调的则是用户的全流程体验——从打开 APP 找房到入住、再到退房离开。小猪将利用去中心化模式的优势和服务链能力，让千人千面的住宿选择更加百花齐放，让消费者在每一次出行时都能找到心仪的居住空间。

小猪将从纯平台模式向“平台 +”综合体转型，逐步构建适合中国市场的特色住宿生态。事实上，先后推出保洁、摄影等住宿配套服务的小猪，早已打造了“平台 +”的雏形，如小猪的保洁业务已经具备相当可观的盈利能力，其覆盖范围甚至已溢出小猪平台本身。接下来，小猪将围绕主干的平台业务做更多“加法”，从纯线上走向线下，与产业链加强资本互动。

第五节　美团民宿

一、企业简介

美团民宿是国内领先的住宿分享平台，专注为旅行者提供个性化民宿住宿体验，为个人房东提供营销、售卖、线下保洁等服务。美团民宿的特点是房源个性化、多样化，住宿年轻化、有趣化。

① 小猪．小猪启动“平台 +”战略 构建特色住宿生态体系［EB/OL］．［2019-05-22］．https：//www.traveldaily.cn/article/129329.

美团民宿 APP 于 2017 年 4 月 12 日正式上线，借助美团点评体系内丰富的资源支持，美团民宿已拥有超过 15 万名活跃房东、72 万套在线房源，覆盖北京、上海、广州、深圳、成都、杭州、重庆、苏州等全国 350 余个热门旅游城市。

图 7–4　美团民宿与榛果民宿 logo

二、企业发展历程及 2019 年大事记

2017 年 4 月：美团旗下榛果民宿入局共享住宿。

2018 年 8 月：榛果民宿启动品牌升级，推出全新口号“住得不一样”。榛果民宿发布 2018 上半年数据，6 万房东入驻，全国房源达 24 万套，覆盖国内 200 多个城市。

2018 年 9 月：榛果民宿与成都旅游住宿业协会合作评选四川十大特色民宿，助力乡村振兴。

2018 年 11 月：榛果民宿与西安市工商局合作，开通民宿办证“绿色通道”。榛果民宿参与《共享住宿服务规范》的制定与发布。

2019 年 1 月：榛果民宿发布 2018 年下半年数据，8 万房东入驻，在线房源达 35 万套，覆盖超过 300 个城市。

2019 年 4 月：榛果民宿在成都举行房东大会，发布《2019 城市民宿创业数据报告》，正式推出了服务民宿创业者的“榛果指数”和“榛果指数 Pro”。

2019 年 9 月：美团榛果民宿与马蜂窝达成合作，房源实现直连。

2019 年 10 月：美团榛果民宿正式更名为“美团民宿”。

三、战略剖析与企业解读

榛果民宿改名美团民宿——提升品牌认知，助力业务发展①。2019 年 10 月 12 日，美团旗下的榛果民宿宣布将“美团榛果民宿”改名为“美团民宿”。除了品牌名称变换之外，原组织架构、运营模式和业务方向保持不变，冯威赫仍将作为业务

① 环球旅讯 . 榛果民宿改名为美团民宿是为了什么？[EB/OL].[2019-10-12]. https：//www.traveldaily.cn/article/132260.

负责人，向美团点评高级副总裁、到店事业群总裁张川直接汇报。与此同时，现有的美团榛果民宿 APP 仍将保留，附带有榛果形象标识的 Logo 亦不作更换，一切维持原样。

大数据研究机构 Trustdata 于 4 月发布的《2019 年中国在线民宿预订行业发展研究报告》显示，2018 年 Q1 至 2019 年 Q1 期间，美团民宿爆发出黑马势能，季度新增用户出现低开高走的趋势。在 2018 年 Q2~Q3 季度中后段，美团民宿季度用户增量反超途家和小猪短租，一跃成为季度增速最快的在线民宿预订平台。美团民宿的增速得益于美团点评自身的流量支持，美团民宿流量的 60%~70% 来自美团点评。

1. 改名原因

关于美团榛果民宿改名的原因，民宿业务负责人冯威赫表示，其中最大的目的在于“提升品牌认知，助力业务发展”。

民宿作为一项非标且低频的产品，难以通过大规模的烧钱补贴带来品牌认知和用户消费惯性。因此，利用现有已成熟的品牌背书会是获得用户信任的一个方法。在这个层面上看，榛果民宿的成立历史仅有两年半，在品牌认知上仍有发展空间；然而美团在消费市场上早已是响当当的招牌。在这种情况下，换上美团的品牌，更能给予用户安全感。

美团此前调研发现，对比“美团民宿”和“美团榛果民宿”两个名字，用户更加倾向于“美团民宿”。一方面，很大程度上是由于美团渠道一直是美团民宿业务最大的流量来源，多数用户都是先对美团有认知，继而对美团榛果民宿产生认知。将名字简化为“美团民宿”有利于统一用户认知，扩大品牌知名度。

另一方面，民宿在用户眼中普遍具有“高性价比”的特点，这个特点与美团品牌在用户人群中的认知具有相关性。使用“美团民宿”一名，将会让高性价比的概念与美团品牌价值直接挂钩。

美团方面期望这次改名能够为美团民宿带来更清晰的品牌认知以及更强的品牌安全感。在用户端能够树立起“上美团找民宿”的概念；在房东端则让如今已经占据半壁江山的酒店业务的良好品牌认知延续至民宿之中。

2. 美团民宿的机会①

通过对比目前国内主要的民宿预订平台：途家（包含蚂蚁短租）、小猪、木鸟和美团（榛果民宿）发现，从房源数量来看，在四种本土民宿预订平台中，美团旗下的榛果民宿是最少的，相比之下，占据民宿市场份额超过 40% 的途家今年披露的房源数量已经超过了 230 万。

机会一：美团的大生态。背靠美团点评，美团民宿用户增速不断走高。

随着美团在外卖、团购、娱乐、酒旅、生鲜、招聘等诸多领域的布局，美团已经渐渐成了线下生活的代名词，其带来的引流效应也是立竿见影的。对于大部分用

① 品途商业评论 . 没有边界的美团，能吃下民宿这块蛋糕吗？［EB/OL］.［2019-10-16］. https：//www.traveldaily.cn/article/132329.

户来说，民宿预订都是低频需求，当人们线下衣食住行都优先想到美团的时候，美团民宿就已经获得了很大的机会，因此美团民宿有60%到70%的订单来自美团点评。

机会二：能触达更多的城市。2019年第一季度，榛果民宿覆盖的城市数量就已经做到了行业第二，并且在增速方面高居第一，到2019年第三季度，美团民宿覆盖的城市数量已经高达350多个。美团民宿在覆盖城市方面的快速扩张，同样是得益于美团到店业务打下的基础。

3. 不做自营[①]

平台经营者和房源运营者这两个角色在美团民宿这里是泾渭分明的。美团民宿CEO冯威赫一直以来都在强调的观点：不会做自营。

在冯威赫看来，平台自营房源就等同于裁判员参与比赛，平台完全可以利用熟知的规则与技巧去抄袭好的民宿，虽然数量可以扩张，但是品质难以保障。

在他看来，平台和房东的优势不同，消费者之所以选择民宿而不选酒店，是因为房源是有特色的、有房东的个人服务在其中，而且在运营房源上，无论是质量还是效率，平台都不如房东。“平台就已经是最好的生意了，是产业链中必不可少的一环，没有必要把上下游所有环节的收益都握在自己手里”。平台可参与的环节很多，但是最重要的是选择去做房东很需要但是不一定能做好或做到的，而且在民宿的经营中，房东握有绝对的主动权。

① 环球旅讯．美团榛果的进与退［EB/OL］.［2019-05-28］. https：//www.traveldaily.cn/article/129424.

第八章
移动应用发展篇

第一节 2019 年旅游移动 APP 发展概况

旅游 APP（Tourist Application）是提供移动旅游服务的应用程序，用户通过移动旅游 APP 能够满足在旅行中吃、住、行、游、购、娱等旅游需求①，具有针对性、即时性以及便利性等特点，旅游者可以随时随地获取时事信息。目前，我国旅客平均每人拥有 9 个旅游 APP，包括机酒预订、货币兑换、语言翻译等。且随着时代的发展，用户时间越来越碎片化，相比于 PC 端，移动 APP 更为方便、快捷。目前，PC 端用户数量逐渐减少，据艾瑞咨询数据显示，我国 PC 端用户量和黏性均呈下降趋势，用户量每年下降约 2000 万用户，至 2019 年 12 月，减少量约为 1556 万，同时人均月访问次数以及浏览时长均有所下降，但移动端的浏览时长约为 PC 端的两倍②，可见移动端发展趋势。但随着发展，微信小程序的诞生，其流量开始逐渐超过 APP 端。相比旅游 APP，小程序不用下载，且已经开发比 APP 更轻、更好、更多的功能和服务。目前，旅游类小程序比为 7%③，携程以及同程艺龙在微信小程序端比较活跃，2019 年，同程艺龙程序月独立设备数超过了移动端在旅游行业流量综合，9月和12月是旅游小程序用户最高峰④。而移动端的用户更多的则是集中在地图导航和旅行预订上，地图导航端在 2019 年 7、8、9 月独立设备数分别为 76.1 千万、

① 胡朝举，关清，胡朝炳 . 中国移动旅游服务：解析与展望［J］. 特区经济，2009（05）：149-152.

② 艾瑞咨询 . 润物有声Ⅳ中国互联网年度流量报告［EB/OL］.［2020-03］. https：//www.iresearch.com.cn/Detail/report?id=3541&isfree=0.

③ 邹明荣，刘小玲，黄琨，高鑫 . 基于 WXSS/WXML 技术的景区微信小程序的开发：以西岭雪山为例［J］. 信息系统工程，2020（02）：76-79.

④ 艾瑞咨询 . 润物有声Ⅳ中国互联网年度流量报告［EB/OL］.［2020-03］. https：//www.iresearch.com.cn/Detail/report?id=3541&isfree=0.

76.6千万、76.3千万，旅行预订分别为20.1千万、19.6千万、19千万；车票服务则在8.2千万、8.3千万、8.4千万[①]。

根据中国互联网络信息中心数据显示，截至2019年6月，我国网民规模达8.54亿，较2018年底提升1.6个百分点，而随着移动宽带速率的下降，手机流量费用更加便宜，用户使用移动端的流量也越来越多，目前用户月均使用流量是全球平均水平的1.2倍，达7.2GB。截至2019年6月，我国在线旅行预订用户规模达4.18亿，较2018年底增长814万，占网民整体的48.9%。目前，航空、酒店等企业不断通过优化会员体系、整合优质资源、行业协作、市场下沉等方式提高自身的直销能力。OTA各企业也不断利用自己的大数据优势，精准营销，提升服务质量，比如为用户提供更加高效优质的签证办理、接送机服务等；同时不断地优化自身产品，推出适应市场的产品组合吸引用户；另外，通过不断地扩充市场，下沉市场和线下市场来获取新的流量、新的市场，增加APP预订量，比如近几年，携程不断布局海外市场，在海外的用户规模已经超过1亿，产品覆盖全球200多个国家和地区，国际业务收入占集团总收入的35%以上。同程艺龙利用微信生态不断下沉市场，实现业务增长，2019年第三季度来自非一线城市的注册用户占比约85.5%，63.3%的新增付费微信用户来自三线及以下城市，较2018年有所提升。受新冠肺炎疫情影响，在线旅游预订行业受到了不小的冲击。截止到2020年3月，我国在线旅行预订用户规模达3.73亿，较2018年底减少了3705万，网民使用率41.3%。但随着VR、AI、5G等技术的发展，可以传播及时且超清的画面，促进了“云旅游”“旅游+直播”等新兴方式，也为旅游业带来了新的发展契机。

第二节　旅游APP排名及分类详情

一、2019年5月、12月旅游出行综合类APP排名[②]

在2019年5月中国旅游出行综合类APP月活跃人数排行榜TOP10中，排名第一的是携程旅行，月活跃用户数为7031.2万人，环比增长3.92%；排名第二的是去哪儿旅行，月活跃人数为4369.7万人，环比下降1.62%；排名第三的是同程旅游，活跃人数为1933.3万人，环比增长3.12%；其后分别为飞猪旅行、马蜂窝自由行、途牛旅游、艺龙旅行、TripAdvisor猫途鹰、百度旅游、驴妈妈旅游（见表8–1）。

① 艾瑞咨询.2019Q3中国互联网流量季度分析报告［EB/OL］.［2019–11］.https：//www.iresearch.com.cn/Detail/report?id=3468&isfree=0.

② 艾媒北极星.http：//bjx.iimedia.cn/app_rank.

表 8-1 2019 年 5 月旅游出行综合类 APP 排名

排名	应用	活跃人数（万）	环比增幅（%）
1	携程旅行	7031.2	3.92
2	去哪儿旅行	4369.7	–1.62
3	同程旅游	1933.3	3.12
4	飞猪旅行	1152.1	0.74
5	马蜂窝自由行	1004.4	–2.81
6	途牛旅游	725.522	–0.43
7	艺龙旅行	272.6	1.84
8	TripAdvisor 猫途鹰	141.3	2.95
9	百度旅游	69.1	–3.81
10	驴妈妈旅游	32.5	1.65

在 2019 年 12 月中国旅游出行综合类 APP 月活跃人数排行榜 TOP10 中，排名第一的是携程旅行，月活跃用户数为 7471.5 万人，环比增长 1.21%；排名第二的是去哪儿旅行，月活跃人数为 4501.7 万人，环比下降 0.28%；排名第三的是同程旅游，活跃人数为 1909 万人，环比下降 1.46%；其后分别为飞猪旅行、马蜂窝自由行、途牛旅游、艺龙旅行、TripAdvisor 猫途鹰、百度旅游、驴妈妈旅游（见表 8-2）。

表 8-2 2019 年 12 月旅游出行综合类 APP 排名

排名	应用	活跃人数（万）	环比增幅（%）
1	携程旅行	7471.5	1.21
2	去哪儿旅行	4501.7	0.28
3	同程旅游	1909	–1.46
4	飞猪旅行	1183.8	1.64
5	马蜂窝自由行	993.1	–2.72
6	途牛旅游	645.9	2.33
7	艺龙旅行	328.3	1.23
8	TripAdvisor 猫途鹰	110.3	–4.15
9	百度旅游	66.5	–2.03
10	驴妈妈旅游	26.2	–4.13

二、旅游 APP 分类

根据目前旅游市场里 APP 的功能和特征，目前市场上的旅游 APP 主要分为预订类、攻略类、分享类和工具类四大类。

（一）预订类旅游 APP

1. 预订类 APP 含义

预订类 APP 是指提供预订酒店、机票、车票以及旅游产品等一系列服务的旅游 APP，其代表主要有携程旅行、去哪儿旅行、同程旅游、途牛旅游等，是目前旅游 APP 中使用最多的一类。

移动互联网时代到来之后，各大旅游与预订类网站开始布局移动市场，去哪儿在 2009 年就成立了无线部门，而携程、艺龙旅行网等也纷纷推出了移动 APP 端。目前，各大预订平台提供酒店、机票、火车票、旅游度假产品等服务，同时还有一些增值服务，比如金融服务（保险）、接送机服务等。目前，国内旅游预订类 APP 具有代表性的综合性预订类 APP 有携程、同程艺龙、去哪儿、途牛等；还有比较具有代表性的单行预订类平台有途家、小猪短租等。

2. 案例分析

案例 携程旅游 APP

（1）战略设计

携程于 1999 年成立，以票务和酒店切入旅游业，在 2010 年上线手机客户端，后随着不断成长，同程艺龙、去哪儿等都归为携程系，而随着时间发展，移动端优势不断突显，在 2013 年就实现了近半酒店、三分之一的机票交易通过移动端完成。而携程作为旅游综合服务平台，为游客提供机酒预订、火车票、旅游独家产品、旅游攻略、旅游增值服务等一站式服务。

（2）基本业务以及产品框架

携程的主要分支分为“首页”“行程”“客服”“我的”以及“旅拍”，所有的业务按钮都集中在首页。

携程旅行的产品结构图（见图 8-1）可以看出，携程旅行 APP 主要分为“首页”、“行程”、“客服”、“我的”以及“旅拍”五个模块，大部分服务功能都集中在了首页这一模块。“首页”中主要包括酒店 / 机票 / 车票三大核心业务等的预订、精选推荐资讯以及促销信息、便民的出行服务等，方便用户对想要了解的资讯进行一站式查询、预订。“行程”“客服”“我的”三个模块主要是对订单进行不同业务的处理，对使用该 APP 中遇到的问题进行解决。而旅拍则是携程上线的短视频入口。

携程产品运营数目众多、分布分散，穿插在 APP 的各个频道内容中和页面中，然而归纳酒店、机票和旅游线路三大产品的推广内容可以发现，携程的产品运营主要围绕 3 个核心词——“特价”“热门”“特色”进行，而低价是三者中的主策略。

在旅游的子功能下，有跟团游、自由行、定制旅行、私家团以及邮轮等旅游方式；还包括周边游、一日游、景点・门票、当地向导等目的相关服务；租后还包括主题旅行，比如亲子・游学以及带娃出游等；同时也有一些高端旅游鸿鹄・奢游，以及 5 钻游等。

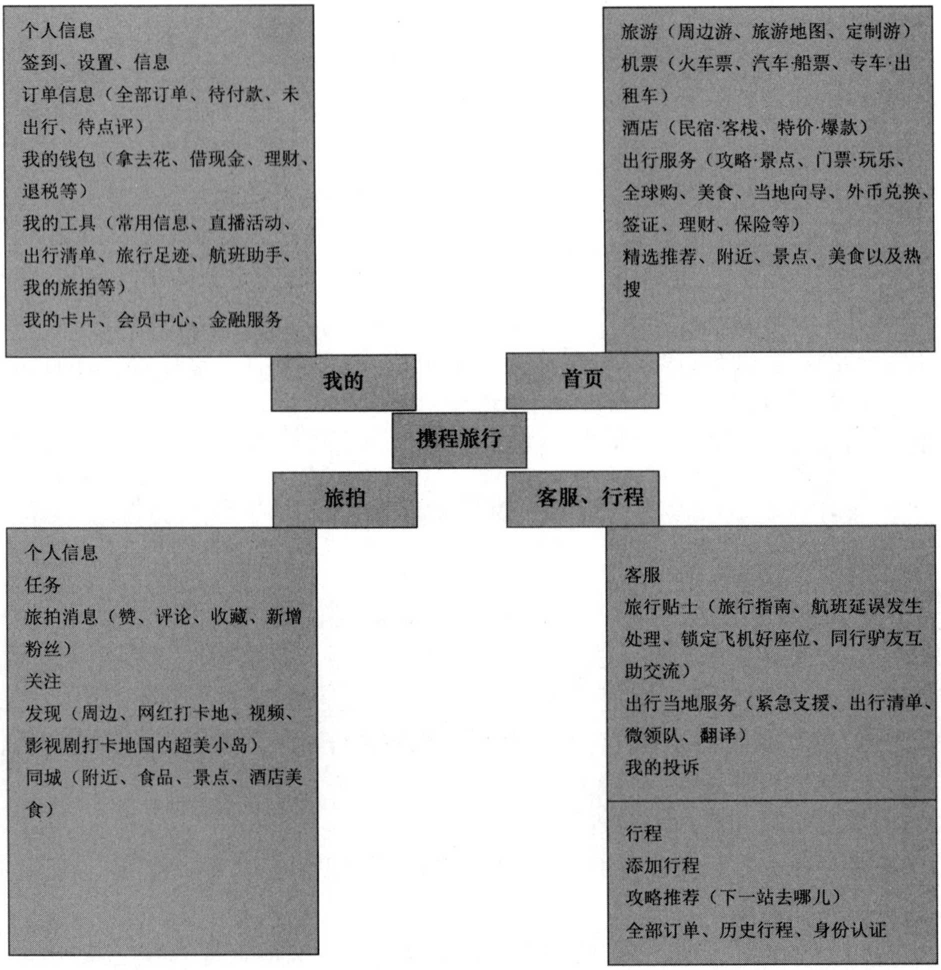

图 8-1　携程产品结构图

（3）2019 携程新动向

2019 年 1 月，战略投资云迹科技，双方将共同推进酒店智能化服务。

3 月，与 Bookingkit 德国的目的地旅游和活动技术服务公司达成合作，开始布局目的地。同时，携程在国内的投资平台——上海科慧创业投资有限公司投资 MCN 机构，开始布局直播领域。

5 月，与 OYO 酒店达成战略合作。会在流量互换、场景互通、数据运营、品牌宣传等方面展开合作。

6月，携程定制游平台升级3.0，形成C2B2B模式，C2B（客户对集成服务供应商）和B2B（集成服务供应商对单一资源供应商）交易可以同时进行，包括签订合同、完成支付以及结算流程。

11月，携程发布了截至2019年9月30日的第三季度未经审计的财务业绩。财报显示，携程第三季度净营收为105亿元，同比增长12%，环比增长21%；若不计股权报酬费用和权益类可供出售金融资产的公允价值变动损益，2019年第三季度归属携程集团股东的净利润为23亿元，相比2018年同期为17亿元，相比上个季度为13亿元。

2019年第三季度住宿预订营业收入为41亿元，同比增长14%；交通票务营业收入为37亿元，同比增长3%；旅游度假业务营业收入为16亿元，同比增长19%。

从携程的动态不难看出，携程在不断扩展自己的业务，拓展新的市场，同时为游客提供更加优质的服务。

（二）攻略类旅游APP

1. 攻略类APP含义及分类

这种类别的APP在人们确定其选择路线的状况之下，通过APP制定最佳的旅游路线，可以提供具有针对性的服务信息，为旅游者提供各种旅游攻略。相较于UGC主题分散、针对性较弱等的缺点，攻略类APP相对于分享类APP的优势是有对目的地衣食住行的全方位系统介绍。虽然内容可能十分有限，无法面面俱到，但对于多数的旅游者，这种全景式的描绘或许已经可以满足他们的需要了。

目前，在旅游市场上攻略类APP有很多，但根据开发者和开发目的来分类，大致可以分为两大类型。一类是旅游目的地或旅游景区官方撰写或汇编的攻略型移动应用，如智慧浙江、济南旅游APP、迪士尼乐园APP等，此类旅游APP可以提供旅游目的地当地涵盖住宿、餐饮、娱乐、门票、交通出行等各方面的信息，但由于局限于地区，旅游者使用目的地移动应用的APP使用率较低。同时，由于官方撰写或汇编的攻略主要注重当地关于衣食住行的全方位系统介绍，实际上内容却十分有限，尤其是住宿、餐饮方面，基本无法面面俱到。

第二类是指由企业开发的旅游攻略类APP，如Touch China（移动旅行专家）开发的一系列景区APP。相比旅游目的地的移动应用，此类的移动应用覆盖景区数量较多，在旅游者重复使用率方面相应较高。

2. 攻略类APP案例分析

案例　马蜂窝

（1）马蜂窝简介

马蜂窝旅游网是中国领先的旅行玩乐平台，由陈罡和吕刚创立于2006年，从2010年正式开始公司化运营，十年来在旅游UGC内容领域累积了大量的旅游内容。马蜂窝的商业模式参与者主要分为三类，包括用户、广告投资商以及第三方供应商。马蜂窝的用户分为两种，一种是使用马蜂窝查看旅游攻略，购买旅游产品及服务的消费者用户；另一种是在该平台上分享旅游经验的“攻略作者”用户，攻略作者同时也可以在平台上购买产品及服务。广告投资商是指在马蜂窝上投放相关广告的企业或个人，包括但不限于酒店、航空公司等。第三方供应商是指与在马蜂窝平台上提供相关旅游产品的企业或个人，具体指酒店、保险公司、航空公司以及旅行社等。马蜂窝采用“内容＋交易”的模式来运行。

（2）功能分析

首先，APP 界面有“首页”“+”“去旅行”三个按钮。而在首页上方，有攻略、定酒店、机票火车票、兴趣圈、直播、小蜂客栈、游记、自驾游以及蜂窝策划 9 个入口，下滑则是精选内容的推荐。而点击“+”可以发布自己的游记。去旅行，则是一个综合式旅游服务点，用户可以直接订酒店、火车票机票、门票等，可以选择定制游、跟团游、邮轮游或是自由行等，也可进行租车。而根据马蜂窝的商业模式特点，可以把马蜂窝的功能分为两大类“交易”和“内容＋社交”（见图 8–2）。

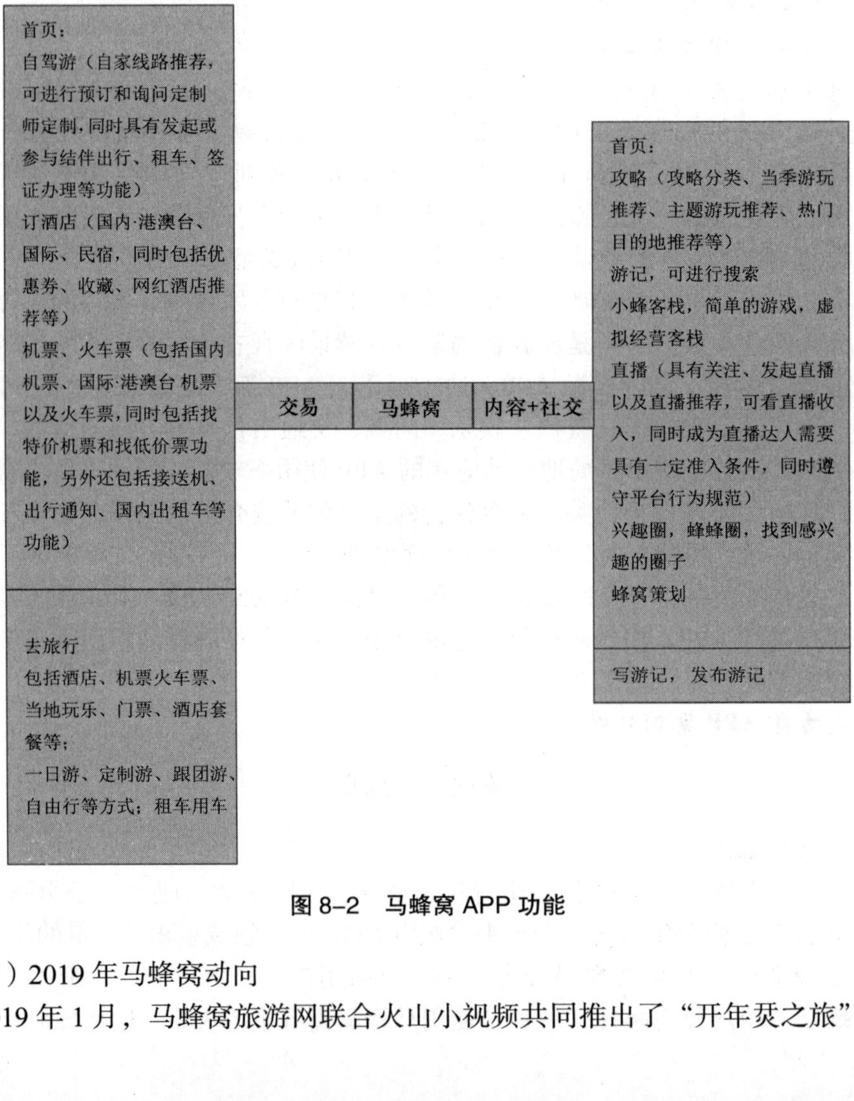

图 8–2　马蜂窝 APP 功能

（3）2019 年马蜂窝动向

2019 年 1 月，马蜂窝旅游网联合火山小视频共同推出了“开年燹之旅”，帮助游客解锁新的旅游方式。

5月，马蜂窝旅游网完成2.5亿美元融资，同时，马蜂窝上线全新自驾游频道后，联合全球12个自驾游目的地共同发布了12条2019年官方推荐自驾线路，为自驾人群构建了“内容+交易”一体化的闭环式消费场景。

6月，上线签证产品“便利签”，搭建POC（Point Of Country）分类聚合页面，根据不同维度整理签证信息和库存，提高服务效率和体验；同时与中华恐龙园达成战略合作，并推出“蜂巢POI管理系统”，为景区赋能。

8月，与重庆客轮有限公司达成战略合作，共同推出了重庆两江游专属微信小程序，基于小程序完成了B端的连接和C端的服务。

9月，发布全新升级的足迹功能2.0版本；同时与山东省文化和旅游厅一起主办“连接•共生•新文旅——2019马蜂窝文旅中国行山东站”。

10月，发起“点亮全球计划”的大型线上活动，号召中国游客在旅行途中，通过马蜂窝APP打卡“点亮”自己所在的目的地，并完成一项文明旅游宣誓。马蜂窝点亮全球计划2019发布会，宣布共计1 323 893位中国旅行者，在全球172个国家和地区2397座城市点亮了自己的足迹，成功创造“单一文明行为活动收到的最多誓言”这一吉尼斯世界纪录称号。

（三）分享类旅游APP

1. 分享类APP含义及分类

分享类旅游APP是一种社交软件，通过大量的UGC内容分享形成社区，同时主要为用户提供旅游目的地信息，比如交通、酒店、景点、购物等信息。分享类旅游APP主要有两种形式，一是通过记录旅游者的所见所闻，形成旅游社区；二是通过旅行直播，形成GPS移动的足迹图，从而实现随时随地地分享。目前分享类的APP较少，比如面包旅行、在外、到到、蝉游记等，同时此类APP受到的关注和使用也比较少。蝉游记以游记的形式切入旅游市场，但在融资方面不足，2016年被携程控股，后其创始人又成立了氢气球旅行，但不久之后就融资失败。面包旅行于2012年初成立，2016年又开发了面包猎人项目，但随后没什么大的动态。单纯从安装频次来看，面包旅行大概有7万次安装，在外大概有61万次安装，而马蜂窝则有7亿次安装，穷游有2416万次安装。在形成游记、攻略之后，将内容变现是行业发展需要考虑的问题。

2. 案例分析

案例一　面包旅行

（1）简介

面包旅行（Breadtrip）是一款记录旅行轨迹、图文并茂分享旅行见闻、完整生成游记的旅行社交APP。致力于通过移动互联网技术帮助人们更便捷地探索世界、发现精彩，享受个性化旅行的乐趣。面包旅行通过记录途中的点点滴滴，以结构化的方式存储，自动生成有条理的游记。面包旅行软件本身完全免费，使用任何功能都不会收取费用，分享时产生的上网流量费由网络运营商收取。

（2）功能简介

记录旅行，支持离线。通过拍照、留言和轨迹追踪，完整记录你的旅行足迹，珍藏旅途中的点点滴滴。支持离线模式，无须担心手机流量。

给相机照片添加位置信息。将数码相机照片上传到有轨迹追踪的行程中，会通过匹配照片的拍摄时间，自动给照片加上位置标签，再也不会忘记照片的拍摄地点了。

生成游记，同步微博。自动将旅途足迹整理成精美游记，并能像电影一样在地图上动画回放。还能连接新浪微博，把精彩内容同步到自己的微博上，与朋友分享。

（3）企业动向

2014 年 8 月推出新产品“面包自由行”，是一款行程规划类应用，根据规划的形成为用户提供酒店预订、当地门票预订服务，还可以根据旅行目的地选择一些电话卡购买、随身 Wi-Fi 租赁等服务。

2015 年 5 月，面包旅行于新品发布会上表示将重点发力旅行产品服务，将“面包自由行”作为发展的主要对象，同时在全球发起“城市猎人”项目。

2015 年 8 月，“面包旅行”应用新增了城市猎人频道。通过这个产品，面包旅行不仅区别了马蜂窝、穷游等旅行社区类产品，也与蝉游记、在路上等游记攻略应用的定位产生不同，甚至是探索盈利方向的试水，并且可和携程等大 OTA 形成差异化竞争。

2016 年 6 月，面包旅行将面包猎人频道从平台拆分，推出面包猎人 APP，拆分后的面包猎人定位于泛娱乐生活方式。

2017 年 6 月，面包旅行发布上线旅游视频记录上传和打赏两个功能。

案例二　在旅途

在旅途是一款“记录旅行足迹，分享旅途精彩”的旅游应用，可以帮大家在旅途中用手机实时记录和分享体验，并能自动生成精彩游记。可以边走边记，离线记录，同时也可以在微博直播，分享实时的旅行体验，还可以通过目的地快速查找所在城市的景点旅游攻略，查找该城市及景点周边酒店、线路、门票、攻略、地图等信息。

在旅途功能较全。点开首页便能看到向导，包括记录旅程、旅游足迹、写随记、地图方式管理、目的地旅游指南、发布动态、去哪儿啊、发起结伴以及附近驴友等栏目。在旅途 APP 的旅行日志格式和面包旅行大致相同，只是名称用“随记”代替了“日志”。

案例三　在外

在外主要功能分为三类：一是发布动态。可以发表一些照片加文字，但篇幅较短。二是约伴旅行。将自己想要旅行的目的地在搜索栏中输入，选择筛选条件后，就可以找到与自己条件相符的驴友。三是活动推荐，其中活动种类极其丰富，为用户提供了多种选择，包括登雪山、户外定制、沙漠、潜水、冲浪、跳伞等50多种。活动详情包括价钱、线路行程介绍、费用说明等。相对于记录并分享旅行日志，“在外”更侧重于帮助用户寻找同游伴侣，制订旅游方案。

（四）工具类旅游APP

1. 工具类旅游APP含义及分类

工具类旅游APP具体是指以为用户在旅游过程中提供不同方面帮助为核心功能的第三方移动应用程序。比如旅游翻译官、口袋导游、百度地图等。工具类旅游APP特色鲜明，实用性强，但功能单一，比如旅行翻译官，具有特色鲜明的翻译，不仅能够翻译国外语言，还能翻译中国方言以及少数民族的语言，可以用来查询地铁、公交，但其他功能很少。工具类旅游APP针对的是旅游过程中的某个环节的某些细节性需求，虽然实用，但也比较有局限性。同时，百度地图也是工具类旅游APP之一，出行用地图较为常见，且百度地图本身功能强大，除去导航、路线查询还有叫车等功能，为旅游者提供了很多便利条件。

2. 案例分析

案例　口袋导游

（1）软件介绍

口袋导游APP是上海知客网络科技有限公司旗下自主研发的一款全球景点中文语音讲解产品，是一款国内外旅游景点中文语音讲解电子导游，包括博物馆、美术馆、名胜古迹、历史建筑、城市漫步等，内含国内外10万+景点语音讲解，覆盖200+旅游城市。有超过5万个自主知识产权的景点中文语音讲解，能够带游客聆听景点背后的故事，增加旅行的乐趣和体验。口袋导游APP目前已经为数十万用户讲述了数百万小时的景点故事，并且获得了良好的用户口碑，在中文语音讲解APP市场占据领先地位。

上海知客网络科技有限公司成立于2015年，拥有强大的技术研发能力和内容IP创造能力。公司追随互联网+以及内容创业的大趋势，通过内容+旅游的模式，打造出旅行中的内容信息服务APP，通过信息化智能技术来提升旅行客人的行中体验，增加旅行的趣味性和知识性。

（2）主要功能

口袋导游主要有三大功能：①自动GPS定位播放，自动感应播放，能根据游客所在的位置自动播放语音讲解；②展品拍照识别，游客可通过拍摄照片来识别目标景观听讲解；③兼容博物馆展品编号，游客可以输入编号收听讲解。

（3）景区覆盖

口袋导游景区覆盖多个国家，包括美国、加拿大、法国、意大利、西班牙、英国、德国、瑞士、奥地利、荷兰、捷克、芬兰、澳大利亚、新西兰、巴西、阿根廷、秘鲁、希腊、埃及、日本、韩国、柬埔寨等多个国家，包含各个国家的热门景点城市，比如法国的巴黎、戛纳、博讷、第戎等，博物馆藏也非常丰富，含 10 万多个景点介绍。

（4）产品评价

口袋导游的切入点是行中的游览场景。口袋导游认为对自由行游客来说在境外景点观看时景点中文解说是一个痛点，是比拍照、购物等需要个人深度浸入的场景。口袋导游作为占用听觉器官的语音解说，可以解放游客的其他五官，在产品的使用体验上可能会是一个不错的选择。APP 主打轻应用的属性，让游客在使用场景里简单轻快，提供各个海外景点的语音解说。

口袋导游切入点为欧洲，通过在法国、意大利等历史深厚的国家重要景点的导游语音内容制作，获得了一定的种子用户，再往其他国家铺开。口袋导游的优势主要在以下几点：第一点是在内容上寻求优化，每条语音的解说长度也较长，第二点就是在地域的快速覆盖，目前口袋导游的地域覆盖上相对来说做得更好，并在积极拓宽，对更多的景点进行内容制作上传。

（5）企业动向

2019 年 10 月 31 日，杭州历历信息科技有限公司与上海知客网络科技有限公司正式签署战略合作协议，就双方产品（Vieewer AR 智能眼镜 & 口袋导游 APP）、方案进行整合，提升消费级用户体验，共同拓展 AR 眼镜的应用市场。

第三节　旅游小程序类型梳理

一、微信小程序概述

随着 APP 流量红利的消失，APP 获客成本不断提高，存量用户的争夺激烈。微信拥有的巨大流量以及 H5 和云存储技术的成熟促使了小程序的诞生，同时移动互联网对长尾需求的渗透和探索依然充满想象力，用户多元化的需求也难以用单一的 APP 来实现。后来，轻应用、小程序的理念被提出并实现。

微信小程序（Wechat Mini Program）是不用下载就可以在互联网终端使用的应用，强调“触手可及”“随用随走”，第一批微信小程序于 2017 年正式上线，内置于微信中，可以通过搜一下和扫一扫打开微信小程序使用，同时还上线了微信小游戏，比如跳一跳、欢乐球球等受到大家的欢迎。2018 年，微信小程序增长速度加快，同时实现了不用外部链接就能在 APP 端与小程序端互相跳转，2019 年，微信小程序可以实现 AR 效果，同时可以在 PC 端打开小程序，日活跃用户超过 3 亿，累计创造8000多亿元交易额，同比增长160%[①]。小程序的渗透率超过了90%，小程序每天被使用的次数也较多，截止2019年4月至6月，电子商务、美食外卖、便捷生活、旅游出行以及实用工具受到大家的欢迎，同时一些小于100万规模的小程序在减少[②]。目前，微信小程序通过开放全量搜索、微信下拉操作、多任务浮窗、增值服务，小程序测评等不断扩充入口，提高小程序用户留存，为用户提供更多、更方便的服务。

二、旅游微信小程序发展概况

旅游是低频消费项目，而小程序不用下载、随用随走的特点能够为旅游者提供很多的方便。如今，随着流量红利的消失，获客成本不断提高，各大旅游平台都在挖掘新的市场。而微信小程序背靠微信大生态，获客成本较低。同时，微信小程序开发成本也比较低，一方面是能够在APP端和小程序端进行跳转，另一方面是小程序本身的开发成本也比较低，可以根据平台的流程简单注册小程序的账号。另外，小程序的营销推广也很方便，一方面，小程序能够在微信公众号、附近的小程序、大家在用、聊天分销、二维码等方式进行传播；另一方面，微信作为社交软件，其本身的微信公众号以及朋友圈等，会产生大量优质的内容，可以形成口碑营销，同时还可以构建自身的私域流量。同时，微信的支付场景以及红包插件等均为旅游平台提供了方便。

而目前，旅游出行小程序波动上升趋势，在月独立设备数TOP100的小程序中，旅游出行APP 2019年4月占据10席，6月占据11席，呈现波动上升的趋势，而在使用频率和实用方面均排第四。同时，从小行业来看，在线旅游位于月活跃设备数TOP100小程序中的第五位。而在旅游出行行业，用车服务行业月活跃设备数最高，其次为出行信息。从2019年4月到6月，同程艺龙酒店机票火车、携程订酒店机票火车、智行火车票等月活跃设备数排名靠前，且比较稳定。而同程艺龙很早就开始布局微信小程序端，其月活跃设备数三个月稳居第一，且实现了连续的增长，至2019年6月，其月活跃设备数量为185.8百万。同程艺龙、携程月活跃设备数更是远远超过APP端。

三、旅游微信小程序类型梳理

（一）OTA综合类

微信小程序正式开放后，携程、同程艺龙、去哪儿、驴妈妈等率先布局了小程序。艾瑞咨询数据显示，同程艺龙、携程月活跃设备数更是远远超过APP端。同程艺龙除了主小程序，还有设计景区周边游、签到、签证等30多个矩阵小程序，同

① 北京日报．微信小程序日活跃用户超3亿，全年创造8000多亿交易额［EB/OL］．［2020-01-09］．https：//baijiahao.baidu.com/s?id=1655220404832007696&wfr=spider&for=pc.

② 艾瑞咨询．2019上半年微信小程序市场研究报告［EB/OL］．［2019-08-26］．https：// www. iresearch. com. cn/Detail/report? id=3428&isfree=0.

程艺龙通过微信生态，不断扩展市场，构建多流量入口。2019 年同程艺龙第三季度财报显示，各项数据全线飘红，表现超过预期。2020 年 4 月，同程艺龙宣布面对消费者端的品牌升级，上市公司名称仍为同程艺龙，但同程旅游 APP 以及同程艺龙小程序和同程旅游官网更名为“同程旅行”。

表 8-3 OTA 平台推出的小程序版本

	携程	去哪儿	同程艺龙	驴妈妈	途牛
小程序	携程订酒店机票火车票汽车票门票、携程定制旅行、携程火车票 12306 抢票等	去哪儿出行旅行订酒店机票火车票门票、去哪儿机票	同程旅行订酒店机票火车票门票	驴妈妈旅游门票酒店周边游预订、驴妈妈机票火车票、驴妈妈 NS 系统等	途牛旅游跟团自主机票酒店火车票
支付方式	微信钱包	微信钱包	微信钱包	微信钱包	微信钱包
功能支持	微信登录、微信好友分享	微信登录、微信好友分享、客服	微信登录、微信好友分享、客服	微信登录、微信好友分享	微信登录、微信好友分享

（二）酒店预订类

碧桂园酒店、铂涛、速 8、东呈和金房卡作为酒店行业的代表获得了微信小程序的内测资格。随后，五家酒店及相关企业相继推出了自己的小程序。碧桂园和铂涛都获得了不少的粉丝量，而在小程序当中，预订是用户使用最多的功能。微信小程序正式开放后，华住、碧桂园凤凰国际酒店率先推出了微信小程序，延伸自己的市场。2018 年 5 月底，希尔顿集团也上线了“希尔顿 Hilton”小程序。美豪丽致酒店将除预订之外的整套 check-in（入住）流程都搬到了小程序里，通过扫码进入小程序，并根据提醒完成 check-in，随后进行人证检验，刷脸入住，此外，酒店也搭载了预订功能。

（三）航空类

小程序的出现增加了航空公司的直销渠道，作为低频使用 APP，微信小程序不用下载，用完即走，是航空公司直接获得用户的渠道之一。春秋航空推出的春秋航空小程序、海南航空推出海南航空微应用、南航推出的南航 e 行、飞常准推出的飞常查航班小程序是首批推出微信小程序的。2019 年 3 月，华夏航空推出微信小程序。

（四）景区类

景区小程序可以根据景区的需要，在小程序中接入游客所需要的景区功能，景区小程序可以实现信息发布、活动推广、景点介绍、交通导航、线上购票、智慧验票、客户互动等。

（五）其他类

旅游小程序覆盖领域广阔，根据不同需求的用户群体，可以适用于更多细分行业，小程序将深度应用到以下等更多行业并加速改变经营模式，如旅游交通、大众团游、签证、旅游餐饮、旅游购物、汽车租赁、旅行社团、器具租赁、度假路线、民宿招待等，熊猫签证，摩拜单车，滴滴出行，路书旗下的定制师来了、大众点评等均推出了微信小程序。

第四节 移动端旅游 APP 发展趋势

一、移动端旅游 APP 存在的问题

旅游相关 APP 众多，达上万个，涵盖吃、住、行、游、购、娱等方面，有近七成游客通过旅游 APP 预订机票、酒店、火车等，同时，其服务质量也存在很多诟病，比如客服电话无人接听、投诉问题不解决等。而大数据杀熟、侵犯用户隐私等负面消息尤为严重，也影响到用户的使用。用户的持续使用时间较低，黏性不足。2020 年 4 月，国家计算机病毒应急处理中心通报，共有 21 款旅游、会议类 APP 存在不合规行为，涉嫌超范围采集个人隐私信息，其中锦江酒店、携程、同程、途牛、去哪儿等知名旅游企业都上了黑榜。另外，用户持续时间、单次使用时间较短，用户黏性较低，用户在 APP 上停留时间较短，也是待解决的问题。

二、移动端旅游 APP 发展趋势

（一）市场细分化

未来，旅游 APP 品种更丰富。目前旅游 APP 有综合性的平台，比如携程、同程艺龙等；生产内容的马蜂窝、穷游网；定制旅游服务商，比如 6 人游、路书、无二之旅等；有单项预订平台，途家、小猪短租、租租车等；还有提供出镜签证服务、当地向导等等的 APP；未来随着市场的发展，用户越来越注重体验感，APP 会更加细化。

（二）更加注重社交功能

社交是人们生活的永恒的话题。且随着青年群体逐渐成为旅游的主力军，他们更加注重社交和分享，更加喜欢新奇、有创意的内容，且随着短视频、直播等方式的发展，旅游宣传、营销的方式会越来越多元化，也会越来越贴合用户需求。同时，社交能够增强用户黏性和平台活跃度，比如，马蜂窝上线了蜂蜂圈，用户根据兴趣选择圈子，可以增进用户之间的情感交流，从而加大旅游 APP 的黏性。

（三）对内容质量要求更高

随着 APP 使用习惯的积累，用户对内容的质量要求更高。随着市场的发展，内容越来越受到用户的欢迎，攻略、指南、游记类等都是用户自身的体验，容易上手，同时与场景匹配度高、新鲜度高，用户具有很好的体验感。但内容的生产量也随之增大，同质化问题也随之而来，生产有趣、有创意的内容，同时吸引新的用

户，是未来的趋势。

（四）技术赋能旅游 APP

目前，短视频和直播行业态势正盛，受到用户们的喜爱，越来越多的用户喜欢短视频以及直播。而随着 5G 和 VR 等技术的发展，会使得短视频中的场景更加真实化，更能刺激到用户。目前，携程上线了旅拍、马蜂窝也上线直播板块，同时飞猪也布局直播行业。梁建章通过直播卖酒店房间，收获不小。科学技术的发展，可以满足用户多元化的需求，同时可以带来更多的体验感。